島田明美の 手作りパフォーマンスシアター

島田明美 著

チャイルド本社

はじめに

お気づきのかたもいらっしゃると思います。
からになった牛乳パックや紙コップが、
ワニやペンギンに生まれ変わりたがっているのを。
あなたもきっとわかるはず。
形をじっと見つめて、指先でやさしく触れていると、ほら……ねっ！
素材の形や性質を利用して工作するときは、
「頭」（知識）ではなく、「指」で考えてみましょう。
すると、とても楽しく工作できます。
この本では、素材の個性を生かし、かんたんに作れて
かんたんに演じられる作品を紹介しています。
たとえば牛乳パックがカルガモになったり、クジラくんになったり。
1つの素材がさまざまに変化しています。
素材の声をききましょう。大切なのは、「聞く」のではなく「利く」ことです。
「これ、何かに使えるかも……」と思いながらも忘れてしまい、
部屋のすみにさびしく転がっているものはありませんか。
それこそが、アイデアの素です。
ぜひ身近でいつも見ているものを、素敵に変身させてください。
この本が、そのためのちょっとしたヒントになればうれしく思います。
大事なのは、とにかく楽しく作ること。
楽しく考え、作り、演じ、遊び、飾ったら……
ほら、目の前には子どものニコニコ顔が。
そしてその笑顔は、楽しいアイデアをわき出させ、
新たな作品を生み出させてくれます。
私はこれを、「**楽ん楽んサイクル**」と呼んでいるのです。

島田明美

この本の使いかた ……………………………………………… 6

第1章
かんたん 工作編

紙コップを使って

オオカミと7ひきの子ヤギ……………………	8
いぬのおまわりさん …………………………	12
キョロパタペンギン ……………………………	14
こぶたぬきつねこ ………………………………	16
ファッションショー ……………………………	18

カラー手袋を使って
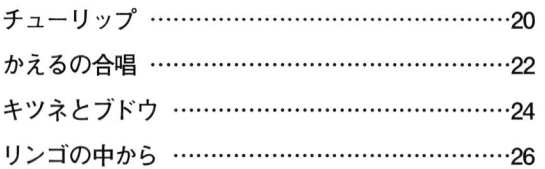

チューリップ ……………………………………	20
かえるの合唱 ……………………………………	22
キツネとブドウ …………………………………	24
リンゴの中から …………………………………	26

紙皿を使って
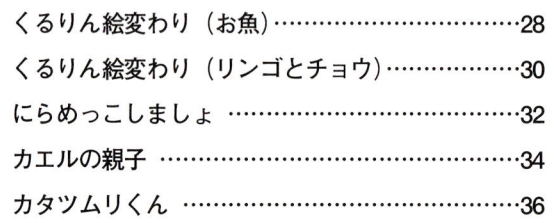

くるりん絵変わり（お魚）………………………	28
くるりん絵変わり（リンゴとチョウ）…………	30
にらめっこしましょ ……………………………	32
カエルの親子 ……………………………………	34
カタツムリくん …………………………………	36

牛乳パックを使って
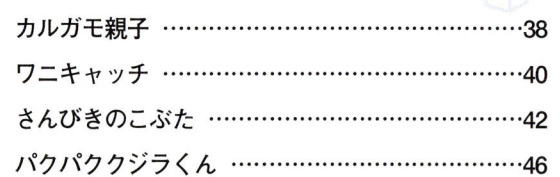

カルガモ親子 ……………………………………	38
ワニキャッチ ……………………………………	40
さんびきのこぶた ………………………………	42
パクパククジラくん ……………………………	46

第2章 おてがる 即興編

ハンカチを使って

- これなーに？ …………………………… 50
- なかよしグリーンピース …………… 52
- あやつりてるてるぼうず …………… 54

せんたくばさみを使って

- だーれだ？ ……………………………… 56
- チョウチョウ …………………………… 58
- モンキー ………………………………… 59
- ヘビ？ ムカデ？ ……………………… 60
- 宇宙人 …………………………………… 61
- 不思議動物発見 ………………………… 62

新聞紙を使って

- 何の卵かな？ …………………………… 64
- ドングリっ子 …………………………… 67

- ● コラム1　演じる人へのアドバイス …………………… 48
- ● コラム2　きれいにじょうずに作るコツ …………………… 70

✿✿ この本の使いかた ✿✿

✿ この本では、身近な素材で、かんたんに作れ、楽しいパフォーマンスもできる作品を紹介しています。

✿ 第1章は、誰でも持っている道具とやさしい工程で作れる作品を、第2章では第1章よりさらにお手軽なさっと作れる作品を、演じかたとあわせて紹介しています。

✿ 作品の作りかたを、イラストで解説しています。物によっては、必ずしもお手本通りの色・柄にこだわる必要はありません。いろいろ試してみてください。

✿ 各作品ごとに、使用する道具をわかりやすいアイコン形式で示しました。

✿ パフォーマンスのセリフや演じかたを、写真やイラストで順を追って解説しています。48ページのコラム「演じる人へのアドバイス」もご参照ください。

✿ よりかんたんに、きれいに作るポイントを、70ページのコラム「きれいにじょうずに作るコツ」にまとめてあります。ちょっとした豆知識、便利な道具も紹介しています。

✿ **型紙の使いかた**

作品によっては型紙を載せているものがありますので、利用してください。

1. 記載されている大きさで拡大コピーをとる。

2. カーボン紙などを使い、紙や布に転写する

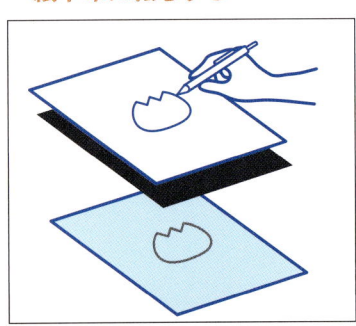

第 1 章

かんたん 工作編

- ●紙コップ
- ●カラー手袋
- ●紙皿
- ●牛乳パック

身近な素材が、かわいい動物や花に変身！

誰でも持っている道具と、やさしい工程で作れる作品を

演じかたとあわせて紹介します。

●紙コップを使って paper cup

あっという間に子ヤギをパクリ
オオカミと7ひきの子ヤギ

紙コップの特性をいかして「パクリ！」と言いながら
子ヤギの上にリズムよくかぶせていきましょう。

1
お母さんヤギ　「お母さんは出かけてくるから
おるすばんしててね。だれが
来てもドアをあけてはだめよ」

●子ヤギたちの家に見立てて、積み木などをならべる。そこに子ヤギ
たちを勢ぞろいさせ、お母さんヤギが語りかけて、出て行く。

2
ナレーション　「お母さんヤギが出かけて
しまうと、そこにオオカ
ミがやってきました」

●お母さんヤギを退場させた後、オオカミを登場させる。

オオカミ　「こんにちは、
ドアをあけておくれ」

●できるだけしゃがれた声で。

子ヤギたち　「そんなガラガラ声は
オオカミだ！　だめだよ、
絶対にあけないよ」

3
ナレーション　「オオカミは声をきれいにすると、
またやってきました」

オオカミ　「お母さんよ。ドアをあけておくれ」

4 ナレーション 「子ヤギたちはドアをあけてしまいました。しめたとばかりにオオカミは、次から次へと子ヤギを食べてしまいます」

オオカミ 「パクリ！ パクリ！ パクリ！ パクリ！ パクリ！ パクリ！」

● 1番小さい子ヤギを残し、「パクリ！」と言いながら紙コップを6匹分重ねていく。1番小さい子ヤギは、積み木の後ろなどにかくれさせる。

5 オオカミ 「あ〜、おなかいっぱいだ〜。なんだか眠たくなってきたぞ」

● 満腹になったオオカミをゆっくり寝入るように横に倒す。

紙コップ
paper cup

6 ナレーション 「オオカミが眠り込んだところに、お母さんヤギが帰ってきました」

● 床で寝ているオオカミの前でお母さんヤギを驚いたように動かす。

お母さんヤギ 「まあ！ いったいどうしたの？」
1番小さい子ヤギ 「みんなオオカミに食べられちゃったの」

● 1番小さい子ヤギをかけ寄せる。

紙コップを使って
paper cup

7

お母さんヤギ 「まあ、たいへん！
オオカミが寝てる
あいだに
助けなくっちゃ」

ナレーション 「お母さんヤギは、
満腹で昼寝中の
オオカミのおなかの
中から、子どもたち
を助け出しました」

●床で寝ているオオカミから、はまっている子ヤギ
たちを1つずつ抜きとって立てていく。

8

子ヤギたち 「わあい、やったやったー」

ナレーション 「オオカミから助け出された
兄弟たちはいつまでも
なかよくくらしましたとさ。
めでたし、めでたし」

材料と作りかた →

青の紙コップ……2個
(普通サイズ)
白の紙コップ……7個
(普通サイズ)
白の紙コップ……1個
(小サイズ)
丸シール……3枚
(黒)
丸シール……2枚
(ピンク)
青の色画用紙……1枚
(A5サイズ)
白の画用紙……1枚
(B5サイズ)

●使用する道具●

【オオカミ】

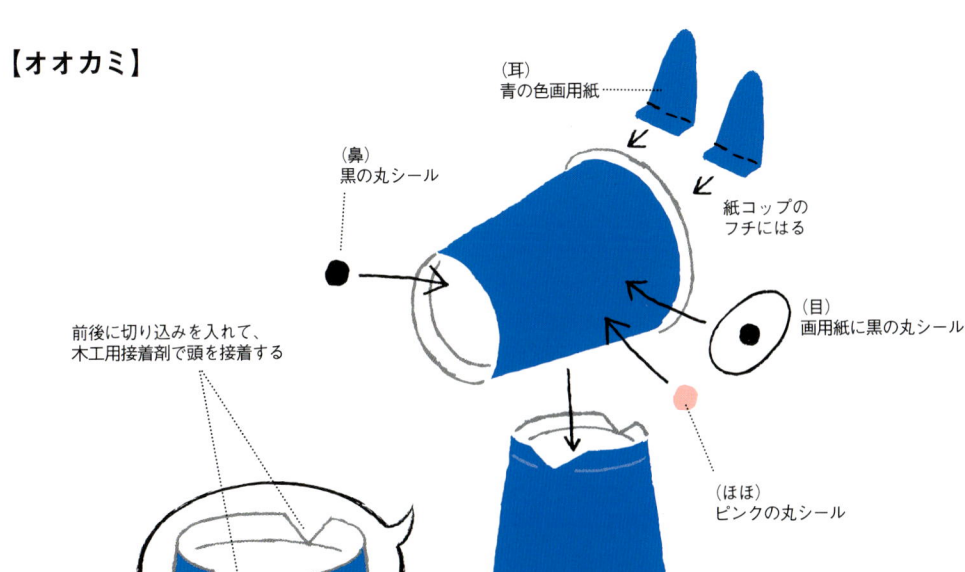

(耳) 青の色画用紙
紙コップのフチにはる
(鼻) 黒の丸シール
(目) 画用紙に黒の丸シール
(ほほ) ピンクの丸シール
前後に切り込みを入れて、木工用接着剤で頭を接着する

① 青い紙コップに、耳、目、鼻、ほほをつけて頭を作る。
② 胴体を作る。
③ 頭を木工用接着剤で胴にとりつける。

紙コップ paper cup

【子ヤギ】

丸シールをはってもよい

それぞれ顔を変えてもおもしろい

白の紙コップに直接油性ペンで顔をかく（重ねやすいように）。
普通サイズで6個、小型サイズで1個用意する。

【お母さんヤギ】

白の画用紙で顔を作り、普通サイズのコップにはる。

紙コップを使って paper cup

手作りマリオネットで歌って遊ぼう

いぬの おまわりさん

動きが楽しい、かんたんマリオネット。おなじみの「いぬのおまわりさん」のうたに合わせて演じます。

1
♪まいごの　まいごの　こねこちゃん
　あなたのおうちは　どこですか
● 泣いている子ねこちゃんの表情で。

2
♪おうちをきいても
　わからない

♪なまえをきいても
　わからない
● やさしくたずねるおまわりさんと、首を振り続ける子ねこちゃんを交互に演じわける。

3
♪ニャン　ニャン　ニャンニャーン
　ニャン　ニャン　ニャンニャーン
　ないてばかりいる　こねこちゃん
● 泣き声の部分は悲しそうに歌う。

4
♪いぬの　おまわりさん
　こまってしまって
　ワン　ワン　ワンワーン
　ワン　ワン　ワンワーン
● 困ったなあ… という表情で。

材料と作りかた

紙コップ……1個（大型サイズ）
紙コップ……5個（中型サイズ）
紙コップ……4個（小型サイズ）
色画用紙……各1枚（A5サイズ、黒、茶色、白、黄）
糸……適量
割りばし……2本
モール……1本（ピンク）
ビニールテープ…各適量（青、ピンク）
丸シール……4枚（ピンク）
丸シール……1枚（黄）
ゼムクリップ……10個

●●使用する道具●●

 はさみ
 セロハンテープ
 のり
 油性ペン
 キリなど穴をあけるもの

【おまわりさん】

❶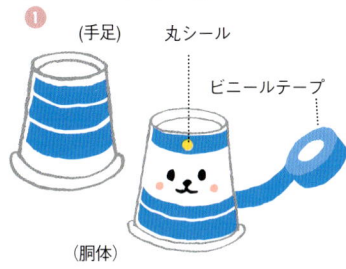

紙コップ（大型サイズ）1個、中型サイズ（4個）に、青いビニールテープを巻く。胴のほうには顔をかく。

❷

❶の胴体の底と側面4カ所に穴をあけ、底に糸を通す。

❸ 紙コップ（小型サイズ）の足になる2個、手になる2個にもそれぞれ糸を通す。

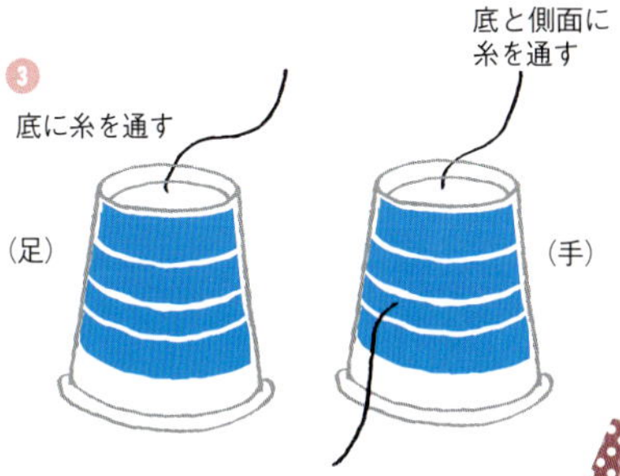

❹

カッターなどで入れた切り込みに、黒画用紙の帽子のつばを差し込む。

❺

茶色の紙を切って耳を作り、頭にのりではりつける。

❻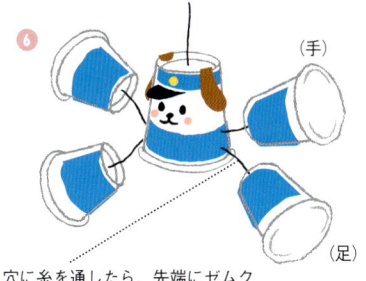

穴に糸を通したら、先端にゼムクリップを結びつけておく（❷参照）
❸で糸を通した手足を、胴体の穴に通し、内側をテープでとめる。

❼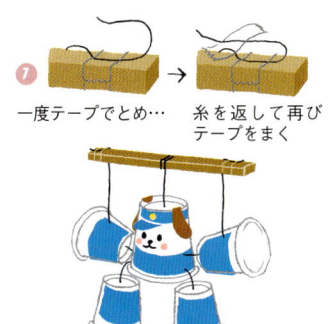

一度テープでとめ…糸を返して再びテープをまく
手と頭についた糸を割りばしにテープでとめる（上記参照）。

【子ねこ】

胴体は中型サイズ、手足を小型サイズで作る
（耳）白の画用紙
左右のほおに穴をあけて、切ったモールを3本ずつ通す
（ひげ）モール
ピンクのビニールテープ

胴・手足の作りかたはおまわりさんと同じ。ビニールテープをピンクにし、耳とひげをつける。

紙コップを使って
paper cup

目と羽のコミカルな動きに注目
キョロパタペンギン

左右に回したり上下に動かしたりすると、
ペンギンのポーズや表情がコロコロ変わります。

1 「上下に動かすと、目と羽が動くよ」
● まずは手に持って正面を見せる。

2 「目玉がキョロキョロ」
● 2つの紙コップを互いにねじるように左右に回す。

3 「羽がパタパタ」
● 外側と内側の紙コップ同士を離すようにして上下に動かす。

フクロウもできるよ
ほかの動物もいろいろ作ってみてね

材料と作りかた →

- 青の紙コップ …1個（普通サイズ）
- 白の紙コップ …1個（普通サイズ）
- 丸シール（黒） ……2枚
- 色画用紙（青、オレンジ、白） ……各適量
- 糸 ……適量

●●使用する道具●●

 はさみ
 カッター
 キリなど穴をあけるもの
 木工用接着剤
 油性ペン

【外側】

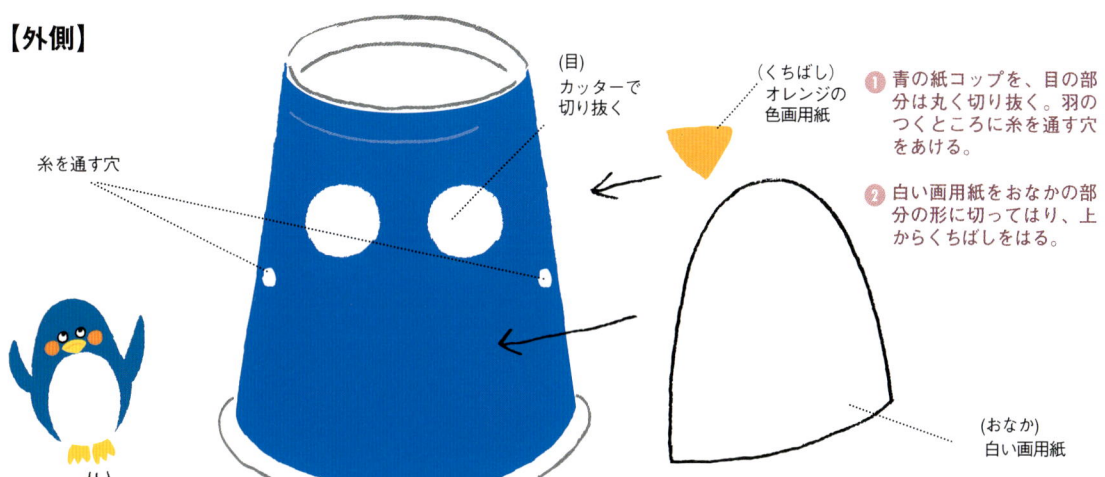

- （目）カッターで切り抜く
- 糸を通す穴
- （くちばし）オレンジの色画用紙
- （おなか）白い画用紙

❶ 青の紙コップを、目の部分は丸く切り抜く。羽のつくところに糸を通す穴をあける。

❷ 白い画用紙をおなかの部分の形に切ってはり、上からくちばしをはる。

【内側】

❸ 白の紙コップに、外側の紙コップにあけた目の穴に位置を合わせて丸シールで黒目をはる。羽のつくところに糸を通す穴をあける。オレンジ色の紙で足を作ってはる。

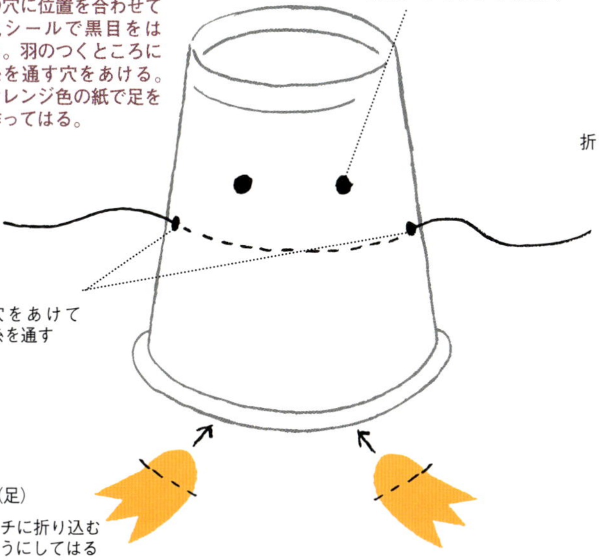

- （黒目）黒の丸シール（油性ペンでかいてもよい）
- 穴をあけて糸を通す
- （足）フチに折り込むようにしてはる

【組み立て】

- 内側のコップから糸を通す
- 折り目つける
- はる
- 結び目作る

❹ ❷を❸にかぶせて、内側のコップから外側のコップに両サイドとも糸を通す。糸をはさむように羽をはりつけてできあがり。

紙コップ paper cup

うたに合わせて4変化

こぶたぬきつねこ

くるっと回すと、別の動物に変身！ みんなが大好きなうた
『こぶたぬきつねこ』に合わせて、コップを回します。

1 ♪こぶた （こぶた）
● こぶたの顔を見せてゆっくり回し、こぶたの顔を見せながら歌う。

2 ♪たぬき （たぬき）
● たぬきのしぐさでおなかをたたきながら。

5 ♪ブブブー （ブブブー）

6 ♪ポンポコポン （ポンポコポン）

材料と作りかた →

紙コップ………各1個
(オレンジ、黄)

丸シール………適量
(黒、ピンク、茶)

色画用紙………適量
(黄)

●● 使用する道具 ●●

 はさみ
 カッター
 のり
 油性ペン

【外側】

(耳) 色画用紙をはる
顔を出す穴をカッターで切る

オレンジ色の紙コップに、顔を出すための窓をあけ、耳をはる。

【内側】

② こぶた

黄色の紙コップに、

3 ♪きつね（きつね）
●手の形をきつねのようにする。

4 ♪ねこ（ねこ）
●ねこのしぐさをする。

7 ♪コンコン（コンコン）

8 ♪ニャーオ（ニャーオ）

紙コップ
paper cup

90°回しながらこぶた、たぬき、きつね、ねこの絵をそれぞれかく。

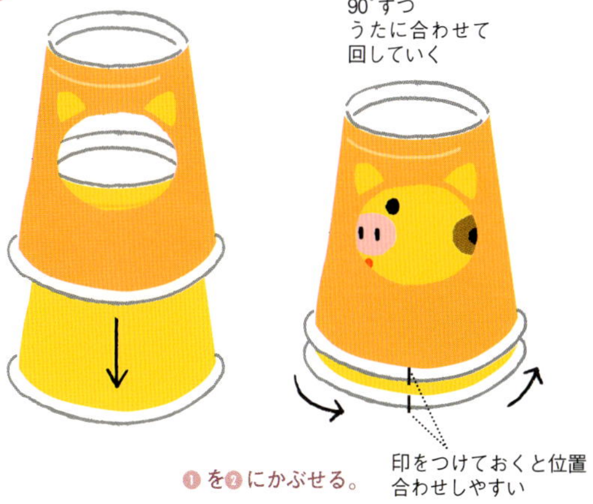

❶を❷にかぶせる。

90°ずつうたに合わせて回していく

印をつけておくと位置合わせしやすい

17

紙コップを使って
paper cup

すてきに着せ替えあそび
ファッションショー

洋服や髪型、帽子などが自由にチェンジできます。
好きな色柄の布や色紙を使って、コーディネートを楽しみましょう。

ちょっと
ロマンチックに

水玉が
すてきでしょ

お気に入りの
シャツだよ

わたしを変身させてね

好きな色と
デザインで

いろいろな
服を作って
楽しんでね

着ぐるみに
挑戦！
ウサちゃんだよ

サンタさんに
変身

おでかけ
スタイル

ロングヘアーも
似合うでしょ

18

材料と作りかた

紙コップ………適量 (白)
紙コップ………適量 (好きな色柄のもの)
布、紙など……適量 (好きな色柄のもの)
丸シール………適量 (ピンク、白)

●● 使用する道具 ●●

 はさみ
 カッター
 木工用接着剤
 油性ペン

【胴】

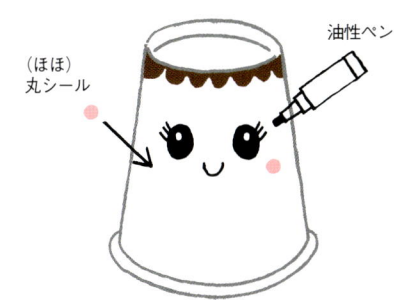

白の紙コップに油性ペンで前髪と顔をかく。

【服】

紙コップの上半分を切り、布をはったり模様をかいたり好きなようにデザインする。

【かつら】

カラーの紙コップに切り込みを入れ、手でカールさせる。

【うさぎの着ぐるみ】

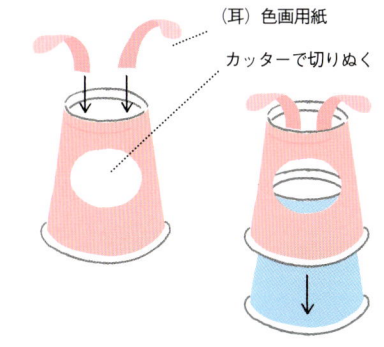

(耳) 色画用紙
カッターで切りぬく

【パナマ帽】

❶
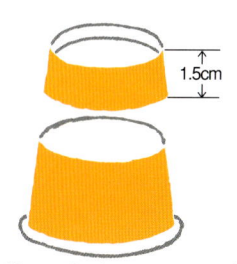
1.5cm

紙コップの底から1.5cmほどのところで切る。

❷
つば
❶をはったライン
切りぬくライン

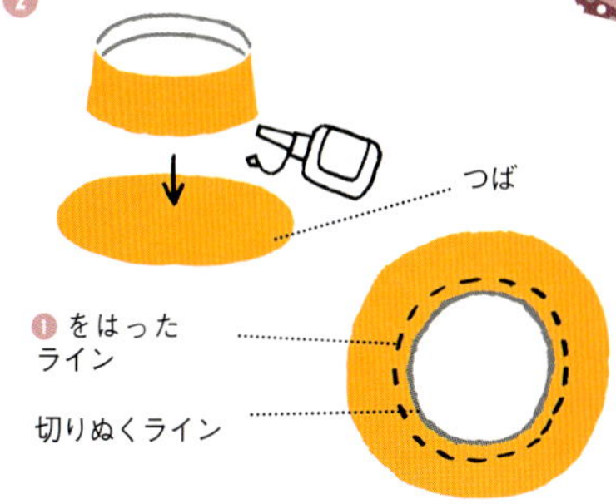

丸く切った紙に❶を木工用接着剤ではり、乾いたら頭が入る部分を切りぬく。

【サンタさんの帽子】

❶
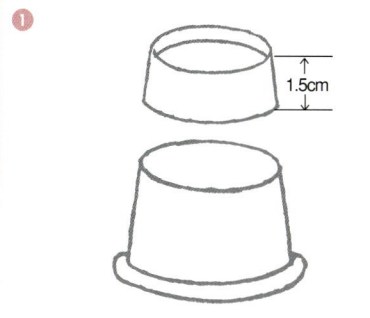
1.5cm

紙コップの底から1.5cmほどのところで切る。

❷
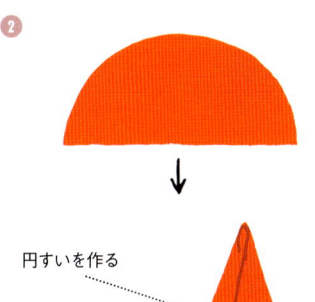
円すいを作る

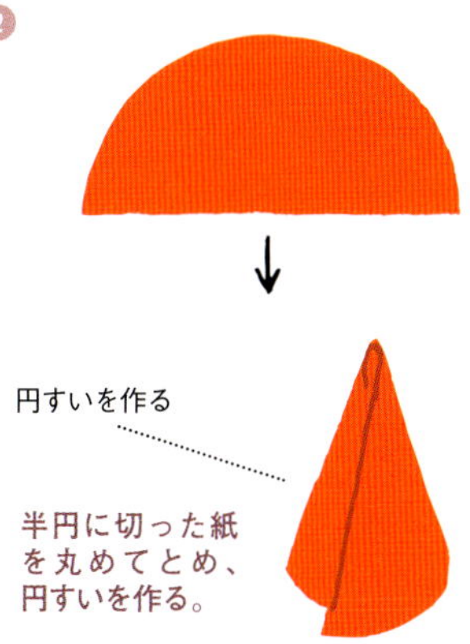

半円に切った紙を丸めてとめ、円すいを作る。

❸

ポンポン

❸に木工用接着剤で白のポンポンをつけ、❶にはる。

紙コップ paper cup

● カラー手袋を使って
colour gloves

定番ソングをもっと楽しく
チューリップ

うたに合わせて、手袋で作ったチューリップを立てていきます。
最後には全部の指を立て、3色の花を咲かせましょう。

1 ♪さいた さいた
チューリップのはなが
● 葉（親指と小指）を立てて、うたに合わせて左右にゆらす。

♪ならんだ ならんだ

2 ♪あか
● 赤い花（ひとさし指）だけ立てる。

3 ♪しろ
● 白い花（中指）だけ立てる。

4 ♪きいろ
● 黄色い花（薬指）だけ立てる。

5 ♪どのはな みても
きれいだな
● 5本の指を立てて広げ、音楽にのってゆらす。

 材料と作りかた

カラー手袋……1組
（緑）
フェルト……各適量
（赤、白、黄、黄緑）

●●使用する道具●●
 はさみ
 木工用接着剤

① 型紙に合わせて、フェルトの花と葉をそれぞれ2枚ずつ切る。

② 葉は、ふたつ折りにして、はさむように親指と小指にはる。

③ ひとさし指に赤、中指に白、薬指に黄色の花をそれぞれ木工用接着剤ではる。

2枚を表側と裏側からはりあわせる

ふたつ折りにしてはる

カラー手袋
colour gloves

型紙 200%にコピーして使いましょう。

●葉●

●花●

カラー手袋を使って
colour gloves

かえるになりきって歌おう
かえるの合唱

うたに合わせて、表情ゆたかにかえるを演じます。
鳴き声を、本物らしく歌うと盛り上がります。

1 ♪かえるのうたが
●2匹を向かい合わせてみたり…

2 ♪きこえてくるよ
●上下にゆらしたり…

3 ♪クヮクヮクヮクヮ
♪ケケケケケケケケ
●いろんなポーズを作ってみよう。

4 ♪クヮクヮクヮ
●リズムに合わせて手を開いたり閉じたりする。

材料と作りかた

カラー手袋 ……………… 各1枚
（黄緑、水色）
スポンジ ………………… 各1個
（厚さ3.5cmくらいのもの、緑、水色）
白の発泡スチロール球 …… 4個
黒の丸シール …………… 4枚
フェルト ………………… 各適量
（黄緑、水色、白）

●●使用する道具●●

はさみ　　油性ペン

木工用接着剤

❶

少しずつはさみで切る

スポンジの形で表情もいろいろ

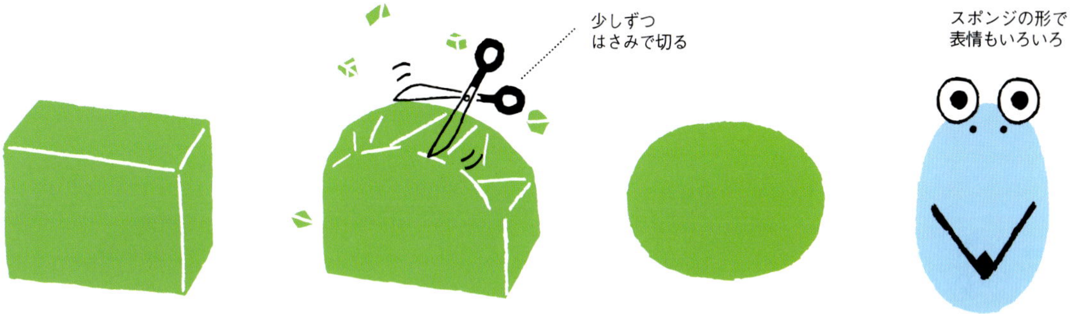

スポンジをはさみでカットし、頭を作る。

❷
丸シール

白の発泡スチロール球に黒の丸シールをはり、頭に木工用接着剤ではりつける。

❸

はさみで、指を入れる穴をあける。

❹

油性ペンで鼻と口をかく。

❺
8枚作る
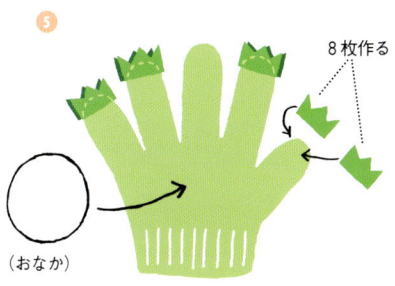
（おなか）

同じ形に切ったフェルトを、指に木工用接着剤ではさむようにはる。白いフェルトのおなかをはる。

❻

（前足）　（前足）
（後ろ足）　（後ろ足）

できあがり。

型紙 200%にコピーして使いましょう。

●カエルの手●
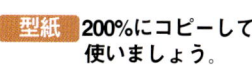

手袋
colour gloves

カラー手袋を使って
colour gloves

イソップ童話を演じてみよう
キツネとブドウ

一生懸命ブドウを取ろうとがんばるところや、
取れなくて負けおしみを言うところ。
そんなキツネのしぐさをコミカルに演じましょう。

1 ナレーション 「1匹のキツネが歩いてきました」
　　 キツネ 「のどがかわいたよ〜」

2 ナレーション 「キツネは木の枝に実ったおいしそうなブドウを見つけました」
　　 キツネ 「ああっ、おいしそう」

材料と作りかた →

カラー手袋……各1枚
（黄、紫、うす紫、緑）
綿……適量
輪ゴム……28本
フェルト……適量
（黄）

●●使用する道具●●
 はさみ　 油性ペン
 木工用接着剤

【キツネ】

①
輪ゴム
黄色の手袋の中指に綿を詰めて輪ゴムでしばり、鼻を作る。

②
黄色のフェルトを三角に切ったもの2枚をはりあわせ、油性ペンで顔をかく。

3 ナレーション 「キツネは必死にブドウを
取ろうとしますが、
木の枝が高すぎて、
どうしても届きません」

●キツネをブドウに向かって何度もピョンピョン跳ねさせる。

4 ナレーション 「とうとうキツネは
怒りだしました」

キツネ 「あんなブドウ、きっと
酸っぱくて種ばかりなんだ！」

ナレーション 「…とブドウの悪口をいっぱい
言いながら立ち去りましたと
さ。おしまい」

●キツネをぷいっとそっぽを向かせて立ち去らせる。

カラー手袋
colour gloves

❸を手袋の中指部分にはる。

【ブドウ】

紫色の手袋の指に綿をつめて輪ゴムでしばりブドウの房を作っていく。

うす紫色の手袋でも同じように房を作る。

2個の房を持ちやすいように輪ゴムで束ね、緑色の手袋をはめた手で持つ。

25

カラー手袋を使って
colour gloves

イモ虫たちがひょっこり登場
リンゴの中から

リンゴにあけた穴からイモ虫が出てくる、楽しいしかけです。
もぞもぞ、ニョロニョロ、いろんなイモ虫を演じてみましょう。

1 「まっかなリンゴです」
● 緑の手袋をした手はかくしておく。

2 「おや？リンゴの中から……」
● 指を1本出す。

3 「虫が出てきたぞ！」
● 指をもぞもぞ動かしながらつぎつぎに出す。

4 「こんなにいっぱい！」

5 「別のところからも出てきたー！」
● 別の穴からも指を出す。

6 「みんなおいしいリンゴを食べにきたんだね」

カラー手袋……1枚
（緑）

フェルト……各適量
（緑、黄緑）

フェルト……1枚
（30cm角、赤）

段ボール……1枚
（30cm角）

ペップ……5本
（花心）

動く目玉……10個

●●使用する道具●●

【リンゴ】

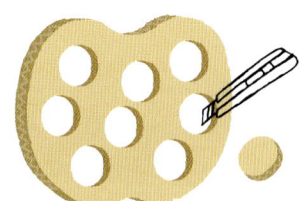

段ボールをリンゴの形に切り抜き、8個の穴をあける。

❶を木工用接着剤で赤のフェルトにはり合わせる。

まわりの余分なフェルトを切り落とし、穴の部分に切れ目を入れる。

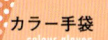
カラー手袋
colour gloves

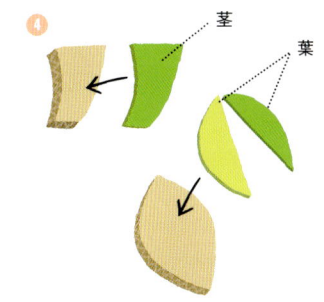

ボール紙を茎と葉の形に切り抜き、緑と黄緑のフェルトをそれぞれはる。

❹をリンゴにはりつけてできあがり。

【イモ虫】

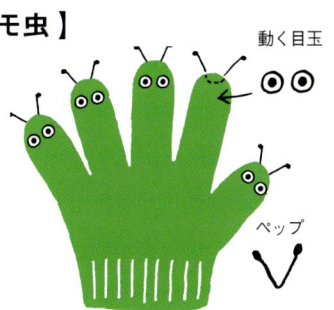

緑色の手袋の指に動く目玉をはる。ペップ（花心）を指先に差し込み触角にする。

できあがり。

紙皿2枚を回しながらお話

くるりん絵変わり
（お魚）

お魚がネコに食べられちゃった！ 紙皿2枚でできる楽しいしかけに、子どもたちも興味しんしんになるはずです。

1 「私はネコちゃん。お魚大好き」
● 最初はまるまると太ったお魚の絵を出しておく。

2 「いただきまーす！」
● かじりつく動作をしながら後ろの皿をつまんで前の皿を回す。

材料と作りかた →

紙皿 ……… 3枚
（直径20cmくらいのもの）

モール …… 3本
（ピンク）

ゴムひも … 適量

色画用紙 … 適量
（ピンク）

●● 使用する道具 ●●

 はさみ　 キリなど穴をあけるもの

 油性ペン　 水彩絵の具

【皿】

①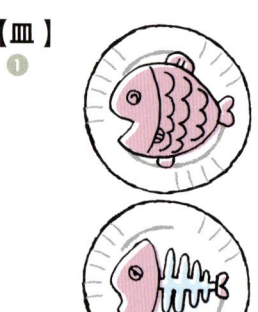

2枚の紙皿の食べ物をのせる側に、それぞれ魚と骨になった魚の絵をかく。

②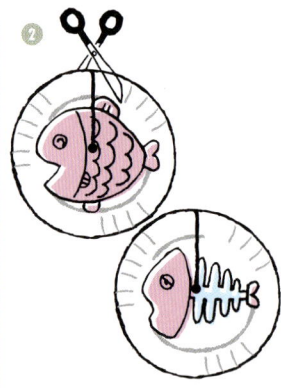

2枚とも、中心にキリなどで穴をあけてから、中央上から中心まで切り込みを入れる。

❸ 「パクパクパクパク」
● 食べる動作を続けながらゆっくり後ろの絵を出していく。

❹ 「あーおいしかった！」
● 紙皿をすっかり入れかえて、骨になった魚の絵にする。

紙皿 paper plate

---

❸	❹	【ネコの鼻】❶	❷ 穴をあけてゴムひもをつける

 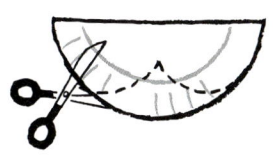 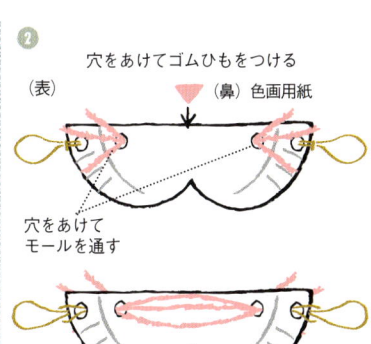

❸ 2枚を重ねる。

❹ 切れ目から後ろの紙皿を引き出して、ぐるりと回して絵を変える。

❶ 半分に切った紙皿をネコの鼻づらの形に切る。

❷ 鼻とひげ、ゴムひもをつける。

3枚の絵を組み合わせてみよう

くるりん絵変わり
（リンゴとチョウ）

リンゴを食べたイモ虫が、たちまちチョウに変身します。
くるっ、くるっ、と変わる画面を楽しみましょう。

1 「まあ、おいしそうなリンゴ」
●最初はリンゴの絵を出しておく。

2 「あれっ
中からイモ虫が出てきたわ」
●2枚目のイモ虫の絵をゆっくり出す。

材料と作りかた →

紙皿　………3枚
（直径20cmくらいのもの）

●●使用する道具●●

はさみ　水彩絵の具
油性ペン　キリなど穴をあけるもの

3枚の紙皿の裏側にそれぞれリンゴ、イモ虫、チョウの絵をかく。
3枚とも同じように、中央上から中心に切り込みを入れる。

3

「あーっ
リンゴを食べちゃった！
バクバクバク〜」

● セリフと同時にイモ虫の紙皿を回しきる。

4 「今度はイモ虫が
だんだん変身して…」

● 3枚目のチョウの絵をゆっくり出す。

5

「きれいなチョウになったよ！」

● セリフと同時にチョウに変身するように紙皿を回す。

紙皿
paper plate

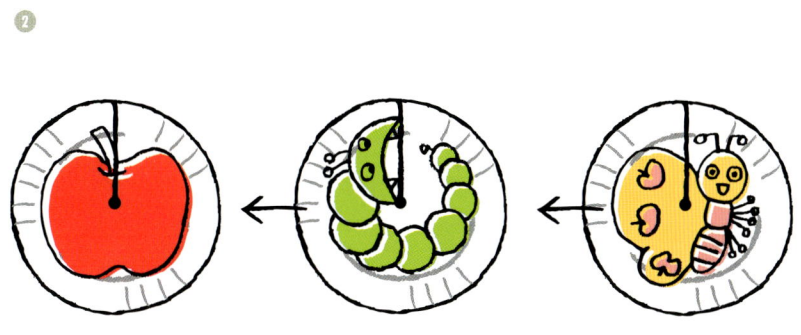

3枚を重ねる。

切れ目から後ろの皿を引き出して
ぐるりと回し、絵を変える。

指の動きで表情豊かに
にらめっこしましょ

ウインクしたり目が飛び出たり。
目や口をつけた指をいろいろ動かして演じます。
子どもたちとにらめっこをすると楽しいですね。

1　「ウサギさんとクマさんと
　　にらめっこスタート！」

2　「ウインクしてみよう」
●クマとウサギといっしょにウインク。

3　「あっぷっぷ！」
●子どもたちとにらめっこをしてみよう。

4　「だれがいちばん
　　おもしろい顔だったかな？」
●いろいろな表情を作って何度かくり返して遊ぶ。

紙皿 ………… 2枚
（直径20cmくらいのもの）
色画用紙 ……… 各適量
（ピンク、水色、赤）
丸シール ……… 各適量
（白、黒、ピンク）
カラースプレー …各1本
（ピンク、水色）

●●使用する道具●●

はさみ　のり

カッター　油性ペン

【クマ】
❶
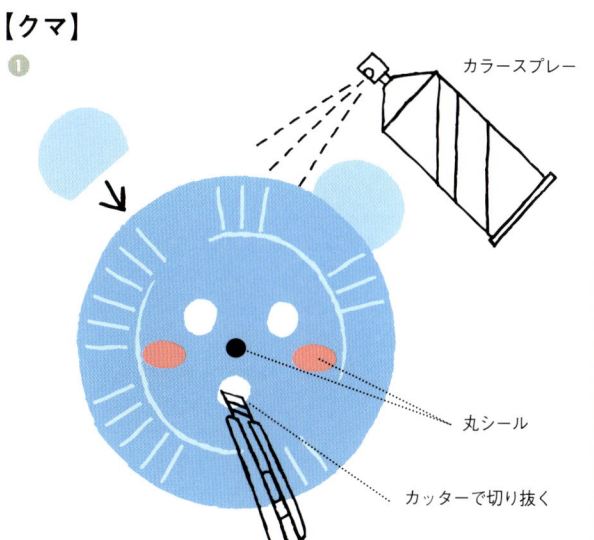

カラースプレー
丸シール
カッターで切り抜く

【ウサギ】
❶
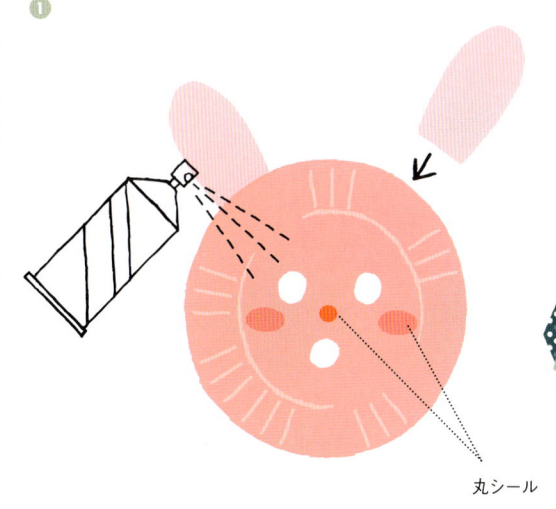

丸シール

紙皿をカラースプレーでペイントし、同じ色の画用紙で耳をつける。丸シールでほほと鼻をはり
カッターで3つの穴（両目と口）を切り抜く。

【目玉（共通）】【口（共通）】
❷
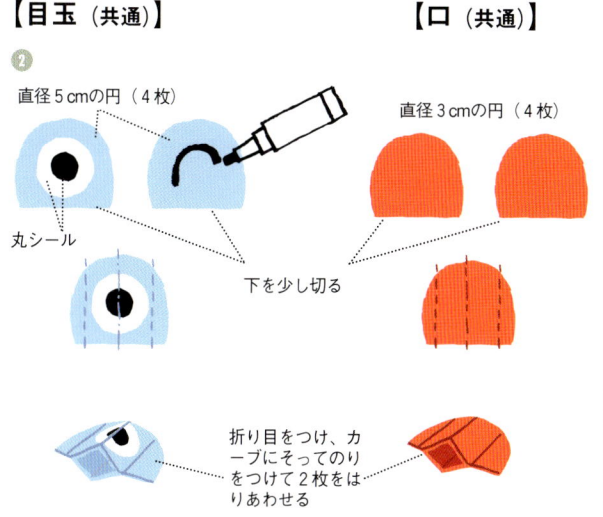

直径5cmの円（4枚）　直径3cmの円（4枚）
丸シール　下を少し切る
折り目をつけ、カーブにそってのりをつけて2枚をはりあわせる

目玉をピンク、水色の色画用紙でそれぞれ2個ずつ作る。

❸
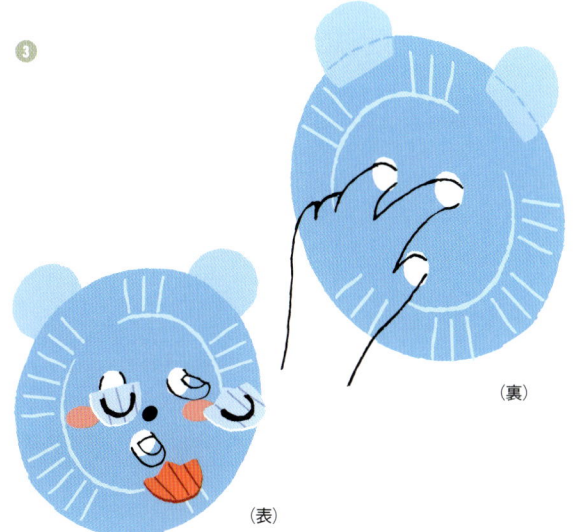

（裏）
（表）

裏から目玉と口をつけた指を入れて演じる。

紙皿 paper plate

33

劇あそびに、うたにといろいろ使える
カエルの親子

保育者がカエルの顔を頭につけて親ガエルに。
子ガエル2匹は手をパクパクさせて演じます。親子で歌ったり、
いろいろなお話をさせたりしてみましょう。

1 お母さんガエル
「まあ、いいお湿りだこと。
カエルにとっては
ごきげんなお天気だわね。
さあ子どもたち、
いっしょに歌いましょ！」

♪あめ　あめ　ふれ　ふれ　かあさんが
● お母さんガエルが歌いはじめる。

2 1匹目の子ガエル

♪じゃのめで
おむかい
うれしいな

● 声音を変えて歌いながら1匹の子ガエル
の口をパクパクさせる。

材料と作りかた →

紙ボウル …………… 5個
（直径17cm）

紙皿 ……………… 2枚
（直径10cm）

ゴムひも ………… 1本
（50cmくらい）

カラースプレー …各1本
（赤、緑、黄緑）

発泡スチロール球 …4個
（直径6cm）

色画用紙 ………各適量
（緑、黄緑）

輪ゴム …………… 2本

ビニールテープ …各適量
（緑、黄緑）

フェルト …………… 適量
（黒）

● 使用する道具 ●

 はさみ　 カッター

 ホチキス　キリなど穴をあけるもの

 木工用接着剤　 油性ペン

【親ガエル】

① 黄緑色のカラースプレーで着色

紙ボウルはペイントし、切り込みを入れる。小さい紙皿2枚で目玉を作る。

② 接着剤をぬるとよい

黒のフェルト

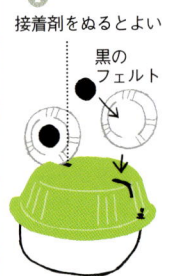

切り込みに目玉を差し込む。あごにかけるゴムひもをつける。

❸
2匹目の子ガエル ♪ピッチ　ピッチ
　　　　　　　　　チャップ　チャップ
　　　　　　　　　ラン　ラン　ラン

●もう1匹の子ガエルの口をパクパクさせて歌う。

いろいろなものになりきろう！

おサルさん

お皿を耳に見立てて
おサルさんに変身

カッパだぞ〜

カッパ

紙皿
paper plate

❹
全員　ケロケロケロ〜〜！

●3匹そろって口をパクパクさせる。

【子ガエル】

❶ 赤のカラースプレー／黄緑色のカラースプレー
顔を作る。紙ボウルの外側を黄緑、内側を赤のカラースプレーでそれぞれ着色する。

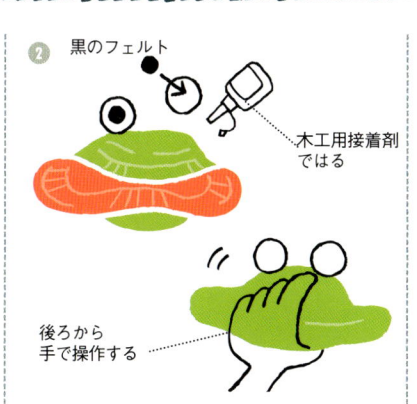

❷ 黒のフェルト／木工用接着剤ではる／後ろから手で操作する
❶の紙ボウルをふたつ折りにする。発泡スチロールの玉に黒のフェルトをはって顔にする。

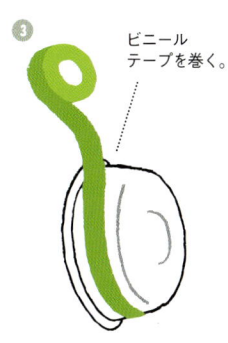

❸ ビニールテープを巻く。
胴体を作る。紙ボウルの外側に、ビニールテープを巻く。紙テープを接着剤ではりつけてもよい。

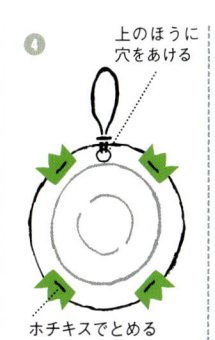

❹ 上のほうに穴をあける／ホチキスでとめる
色画用紙で作った手足を、ホチキスでとめつける。手を通すための輪ゴムをつける。

❺ 胴体につけた輪ゴムに手を通し、頭を持つ手に胴体をはめてできあがり。

35

● 紙皿を使って
paper plate

渦巻きもようのかさからニョッキリ
カタツムリくん

さしていたかさが、カタツムリのからになります。
指に目玉をつけて表情たっぷりに演じましょう。
梅雨どきや雨の日にぴったりのキャラクターです。

1 「今日も雨降りねえ〜」
● かさをさして天を仰いで見る。

2 「あっ やっとやんだみたいだね」
● 手のひらを出しながらかさを下げて渦巻きの面を正面にする。

材料と作りかた →

- 紙皿 …………………… 1枚
  （大きめのもの）
- 色画用紙 ……………… 1枚
  （黄、A4サイズ）
- 発泡スチロール球 …… 2個
  （直径5cm、白）
- ビニールテープ ……… 適量
  （青）
- カラースプレー ……… 適量
  （好みの色）
- フェルト ……………… 適量
  （黒）

●● 使用する道具 ●●
- はさみ
- 水彩絵の具
- セロハンテープ
- カッター

1
ビニールテープ

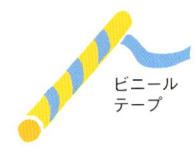

黄色の色画用紙を丸めて筒にし、
まわりにビニールテープを巻く。

3 「あれっ 何か出てきたよ」
● かさのかげからゆっくり目玉を出して……

4 「カタツムリくんだ〜」
● 目玉をつけた手を手首まで見せ、カタツムリのようにゆっくり動かす。

紙皿
paper plate

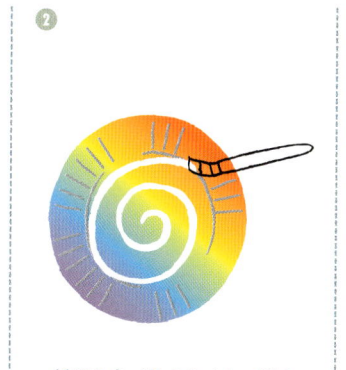

---

② 紙皿の食べ物をのせない側を好きな色でペイントし、渦巻きをかく（紙をはってもよい）。

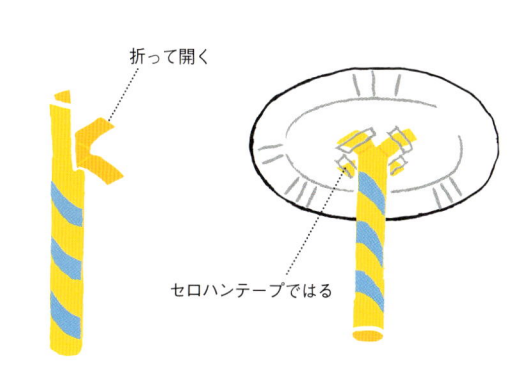

③ 折って開く / セロハンテープではる
❶の筒の先に切り込みを入れ、紙皿をはる。

④ フェルトをはる / 発泡スチロール球にはさみで穴をあける
発泡スチロール球に穴をあけ、フェルトをはって目玉を作る。

37

牛乳パックを使って

みんなでスーイスイ
カルガモ親子

お母さんの後ろに子ガモをつなげることができます。
みんなつなげて引っぱれば本当に泳いでいるように見えるカモ。

1 お母さんガモ
「みんな、出ておいで」
子ガモ1
「はーい！」
● お母さんガモに子ガモ1羽をつなぐ。

2 子ガモ2
「はーい！」
● もう1羽つなぐ。

3 子ガモ3
「はーい！」
● さらにもう1羽つなげて…

材料と作りかた →

1Lの牛乳パック……2本（お母さん）
500mlの牛乳パック…4本（子ガモ）
300mlの牛乳パック…1本（末っ子ガモ）
段ボール…………適量
色画用紙…………各適量（こげ茶、茶、ベージュ）
布クラフトテープ……適量（茶）
丸シール…………各12枚（白、黒）
ゼムクリップ………10本
割りばし…………6本

●● 使用する道具 ●●
はさみ／カッター／ホチキス／キリなど穴をあけるもの／木工用接着剤

【お母さん】
①
色画用紙
下から割りばしを差せるように段ボールをタテ目にする
（目）丸シール
割りばしを段ボールの波部に差し込む
牛乳パックに差してちょうどいい長さに調節

段ボールで頭部を作る。

④ 子ガモ4
「はーい！」
● 4羽目の子ガモをつなげる。1羽1羽、少しずつ声音を変えるなどくふうするとよい。

⑤ お母さんガモ
「あれ？1羽足りない……」

⑥ お母さんガモ
「あらあら、おなかにかくれてたのね」
● お母さんガモの裏側を見せ、ボディーの中にかくした末っ子を取り出す。

⑦ 全員
「みんなそろって スーイスイ♪」

牛乳パック
milk carton

---

② 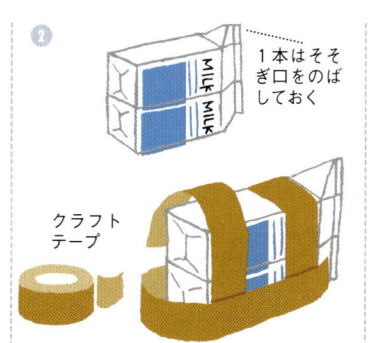
1本はそそぎ口をのばしておく
クラフトテープ
クラフトテープがボディーの色になる
1Lの牛乳パック2本を重ねてクラフトテープをはる。

③ 穴をあける／ホチキスでとめる／切り込み
パックの口をホチキスでとめ、切り込みを入れてクリップをつける。頭部をつけた割りばしを差し込む穴をあける。

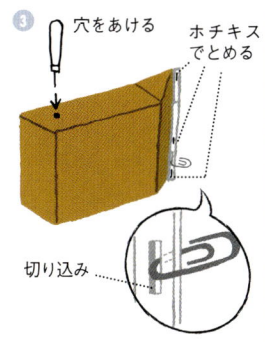

④ カッターで四角く切る／頭を差し込む／（羽）色画用紙
裏側に末っ子ガモを入れる穴をあける。頭部、羽、ゼムクリップをつける。

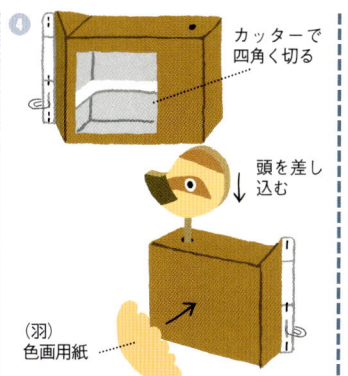

【子ガモ・末っ子ガモ】 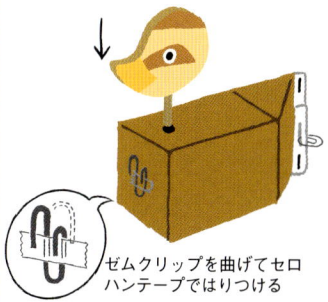
ゼムクリップを曲げてセロハンテープではりつける
牛乳パック1個でボディーを作る。頭部、羽、しっぽのゼムクリップはお母さんガモと同様に。図のように胸にも連結用のクリップをつける。

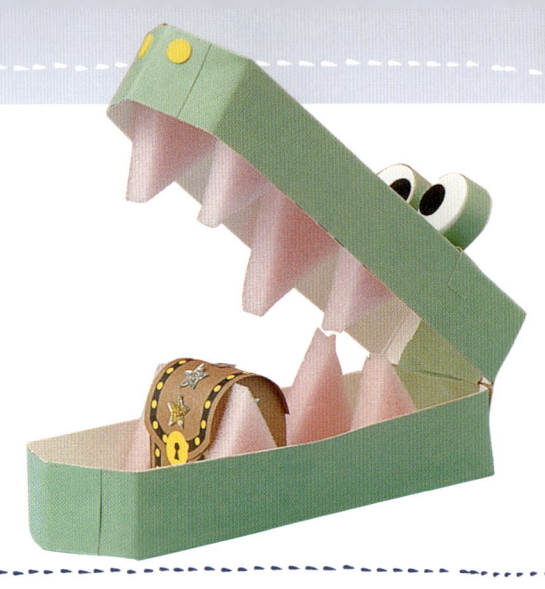

●牛乳パックを使って

大きな口の中にかくれているのは？
ワニキャッチ

えらそうだけど、ちょっぴりドジなワニの口から、つぎつぎといろんなものが飛び出します。その日ごとの話題に合わせて、中身をくふうしてみては。

1　ワニ
「オレさまはこわーいワニだぞう。なんでも丸飲みしちゃうぞ〜」
●ちょっといばったしぐさをしながら、ひもを引っぱりワニの口をパクパクさせる。

2　子グマ
「キャー！　助けてー！」
●紙で作った子グマの人形を入れておく。ワニの口を大きくあけ、子グマを逃がす。

材料と作りかた →

- 1Lの牛乳パック ……1本
- 布クラフトテープ（緑）……適量
- ペットボトルのふた …2個
- 丸シール（黒、黄）……各2枚
- スポンジ（厚さ1cmくらいのもの）……適量
- ひも（たこ糸などでもよい）……適量

●使用する道具
- はさみ
- カッター
- 木工用接着剤

① 緑のクラフトテープ
フチは切り落とす
牛乳パックに緑のクラフトテープをはる。

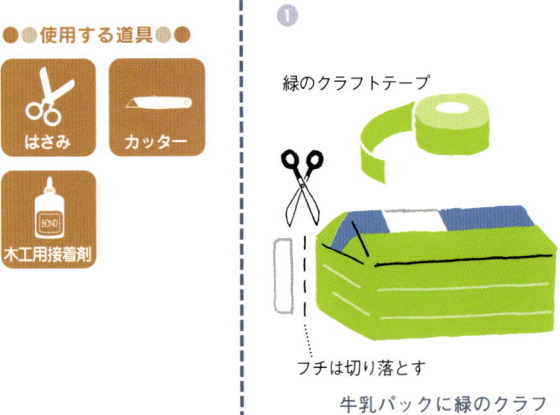

❸
ワニ　「オレさまは宝も丸飲みだ」
●ワニの口を大きくあけ、宝箱を見せる。

ワニ　「ワッハッハッハ」
●とくいげにワニの口をぱくぱく動かし、スキをみて演じ手が宝箱をうばいとる。

❹
保育者
「ワニから宝を取りかえしたよ」
●口の中身はいろいろ変えて意外性を出す。

牛乳パック
milk carton

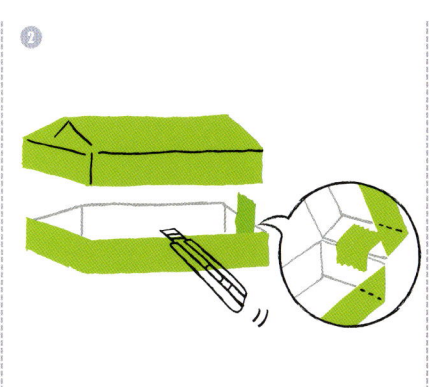

❷
❶を図のように半分に切る。口が開閉できるようにパックの底側をクラフトテープでとめる。

❸
（目）黒の丸シールをはる／クラフトテープ／ペットボトルのふた
（歯）スポンジを三角形に切る
目と歯を作る。

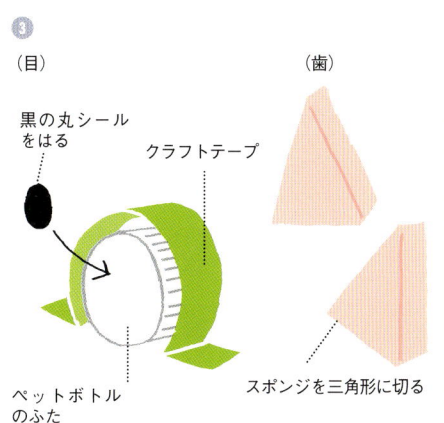

❹
中にいろいろな物をかくす
ひもの先にクラフトテープか色画用紙をはる
（鼻）黄色の丸シール
❸を❹につける。鼻先に開閉用のひもをつけてできあがり。

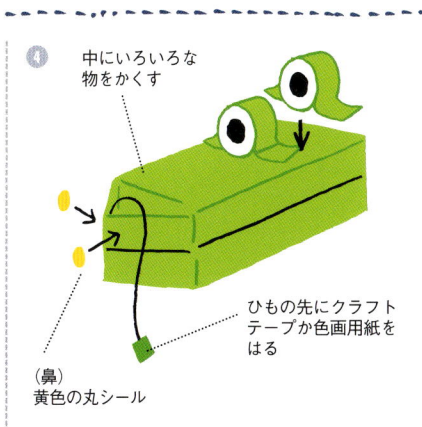

●牛乳パックを使って

MILK
milk carton

オオカミにつかまるな！
さんびきのこぶた

みんなに人気のお話を、牛乳パックで作ってみました。
3匹のキャラクターを楽しく演じ分けましょう。

1

1番上のこぶた　「ぼくら3匹のこぶたが、家を建てたよ。
ぼくのは、らくに作れたわらの家」

2番目のこぶた　「ぼくのは、かんたんにできた木の家」

3番目のこぶた　「ぼくのは、頑張って作ったレンガの家」
●セリフごとに、それぞれの家やこぶたを少しゆらし、こぶたを家の中に入れる。

2

オオカミ
「おなかがすいたなぁ。
おや、うまそうなこぶたがいるぞ。
食べちゃおう！」
●オオカミを登場させる。

3

オオカミ 「おーい、出てこーい。フー！」

1番上のこぶた 「たすけて〜」

●大きく1回息をかけてわらの家をひっくり返し、オオカミにこぶたを追いかけさせる。1番上のこぶたは逃げまどった後、木の家に逃げ込む。

1番上のこぶた 「あぁ、あぶなかった」

4

オオカミ 「逃がすもんか。フー、フー！」
1番上と2番目のこぶた 「たすけて〜。たすけて〜」

●大きく2回息をかけて木の家をひっくり返し、オオカミにこぶたを追いかけさせる。2匹のこぶたは逃げまどった後、レンガの家に逃げ込む。

1番上と2番目のこぶた 「あぁ、あぶなかった」

牛乳パック
milk carton

5

オオカミ 「この家も、吹き飛ばしてやろう」

●牛乳パックを使って
milk carton

6 オオカミ 「フー、フー！ ……あれ？
フー、フー、フー！
フー、フー、フー！
レンガの家は、まったく崩れない。
もう降参だー」

7

3番目のこぶた 「もうこれで安心だ。
やったー、やったー」

ナレーション 「こうして3匹のこぶたは、
いつまでもなかよく
暮らしました。おしまい」

材料と作りかた →

- 1L牛乳パック ……………… 1個
- 500ml牛乳パック ………… 3個
- 色画用紙 ………………… 各適宜
  （ピンク、青、黄色、赤、白）
- 割りばし ………………… 6本
- 布クラフトテープ ………… 適量
  （青）
- 段ボール ………………… 適量
- 輪ゴム …………………… 5〜6本

●使用する道具●
- はさみ
- セロハンテープ
- カッター
- 木工用接着剤
- 油性ペン

【オオカミ】

① フチを切る

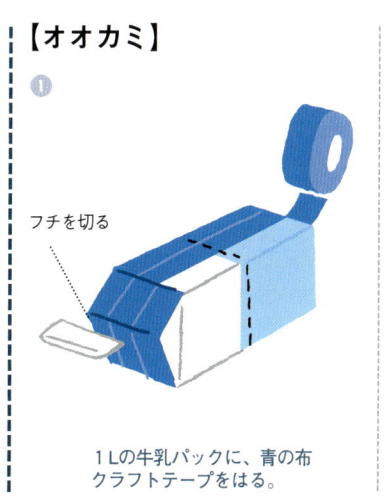

1Lの牛乳パックに、青の布クラフトテープをはる。

② （目）白画用紙を切ってはり、黒目を油性ペンでかく
（耳）色画用紙
上あごにもはる
ここだけは切らない

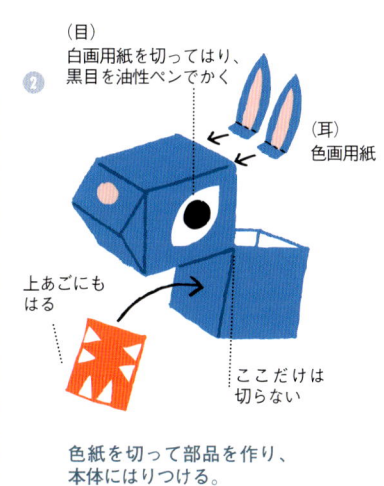

色紙を切って部品を作り、本体にはりつける。

【こぶた】

山折り

ピンク色の紙で大・中・小を各1匹ずつ作る。

牛乳パック
milk carton

【家】

●レンガの家の屋根●
- 段ボールをふたつ折り
- テープなどでレンガの雰囲気に

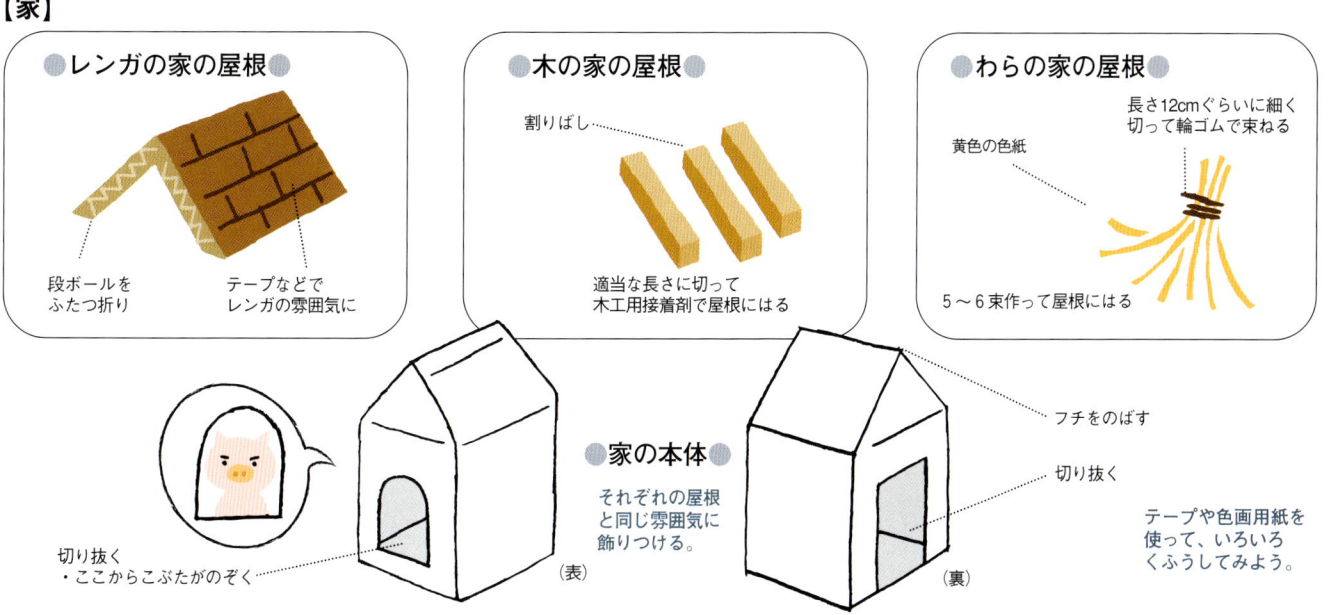

●木の家の屋根●
- 割りばし
- 適当な長さに切って木工用接着剤で屋根にはる

●わらの家の屋根●
- 長さ12cmぐらいに細く切って輪ゴムで束ねる
- 黄色の色紙
- 5〜6束作って屋根にはる

●家の本体●
それぞれの屋根と同じ雰囲気に飾りつける。

- 切り抜く
- ・ここからこぶたがのぞく

（表）（裏）

- フチをのばす
- 切り抜く

テープや色画用紙を使って、いろいろくふうしてみよう。

45

● 牛乳パックを使って

milk carton

だじゃれも交えて言葉あそび
パクパククジラくん

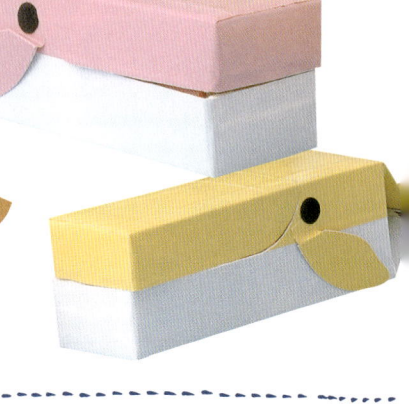

だじゃれ大好きなクジラくんたちの口から、「クジラ」にちなんだ
だじゃれがポンポン飛び出します。

1　「色とりどりのクジラだよ」
● 3色のクジラをならべて見せる。

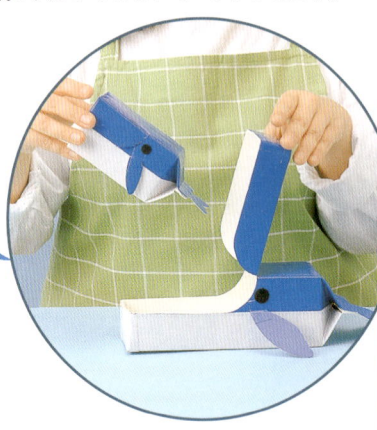

2　「あれあれ、青いクジラくんからミニクジラが出てきたよ」
● 青い大クジラから、ミニクジラを出す。

3　「開いてみたら『じ』が9つと『ら』が1つだから……9じら！」
● ミニクジラの口の中からは、『じ』を9つと『ら』を1つ書いた紙を出す。

材料と作りかた

- 1Lの牛乳パック………3本（大クジラ用）
- 300mlの牛乳パック…1本（ミニクジラ用）
- 200mlの牛乳パック…3本（ブタ、時計用）
- 布クラフトテープ……適量（青、黄、ピンク、白）
- 丸シール……………12枚（黒）
- 丸シール……………4枚（オレンジ）
- 色画用紙……………適量（青、黄色、ピンク、白）

●● 使用する道具 ●●
はさみ　木工用接着剤　カッター

【大クジラ】
① クラフトテープ
Ⓐ カッターで切る

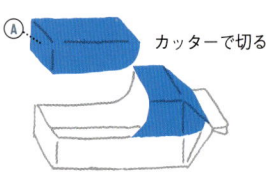

1Lの牛乳パックの上半分に青のクラフトテープ、下半分に白のクラフトテープをはり、図のように切る。

46

4 「黄色のクジラくんからは…9時だ(ら)！」
● 黄色の大クジラには9時を指した小さな時計を入れておき、文字盤を見せながら出す。

5 「ピンクのクジラくんからは…」

「あ、クジだ(ら)！」
● 最後はピンクの大クジラから「クジ」の入ったブタを出す。

6 「あたりだ！ やったあ～！」
● 中から出てきた「あたり」くじを見て。

7 「残念！ はずれちゃった～」
● 「はずれ」くじを見て。

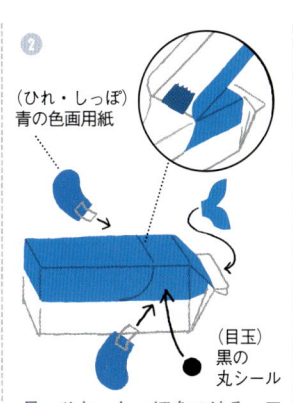

牛乳パック
milk carton

---

❷
（ひれ・しっぽ）青の色画用紙
（目玉）黒の丸シール

目、ひれ、しっぽをつける。口が開閉できるように、Ⓐを内側からクラフトテープでとめる。

【ミニクジラ】

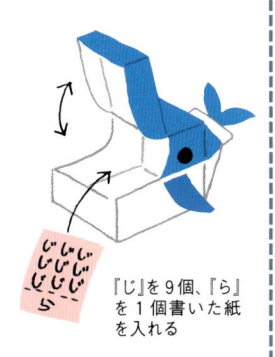

『じ』を9個、『ら』を1個書いた紙を入れる

大クジラと同じ要領で、300mlの牛乳パックで作る。

【ブタ】
❶
フチは切る

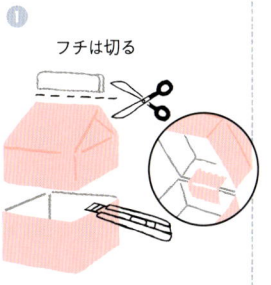

200mlの牛乳パックにピンクのクラフトテープをはり、半分に切る。内側からクラフトテープでちょうつがいのようにとめる。

❷
（耳）ピンクの色画用紙
（目）丸シール

あたり／はずれ

耳、目、鼻をつけ、中にくじを入れる。

【時計】
ホチキスでとめる
シール・色紙など
色画用紙

200mlの牛乳パックで、9時をさした時計を作る。

コラム1 演じる人へのアドバイス

作品づくりは、物を作って終わりではありません。実際にパフォーマンスしてこそ、より魅力を発揮するものです。ぜひ、子どもといっしょに、楽しんで演じてみてくださいね。子どもたちが「それ、貸して!」「ぼくにもやらせて!」と言ってくれたら、しめたものです。

advice1 自分が楽しむことが第一

子どもはもっとも手厳しく、正直な観客。演じ手が楽しめていないと、子どもには必ず伝わってしまいます。つまらない、という気持ちは伝染します。まずはリラックス。そして、まっ先に演じ手がおもしろがってしまいましょう。

advice2 舞台上で照れは禁物

「私はハリウッド女優よ」くらいの気持ちでいきましょう。演じ手が舞台で照れると、観ているほうはなんだか痛々しく感じてしまいますものね。芸ごとは堂々としている者勝ち! 開き直ってやってみたら、自分のかくれた才能に気づいてしまうかもしれませんよ。

advice3 子どもを"子ども扱い"しない

ハッキリ言って、子どもに(いわゆる"チビっ子扱い"して)こびてもムダ。だって、相手の心は「小さな大人」なのですから……。そう思って語りかけると、パフォーマンスによくついてきてくれます。

advice4 練習は大切。段取りよく進むように、下準備にも気を配ろう

できるならば、演じる前にはリハーサルをしてみましょう。綿密でなくても、大筋を決めてあとは自由に演じるのでもよいのです。台本がないと不安な人は用意して。カンニングペーパーがあってもいいでしょう。たとえ演技が苦手でも、下準備があれば気持ちがラクになるものです。

advice5 子どもと視線を合わせよう

演技中、子どもは演じ手か作品しか見ていません。だから、しょっちゅう目が合います。そんなときは、視線はそらさずに、自然に見返すとよいでしょう。コミュニケーションになるし、子どもをあきさせません。また、リアクションを知るのにも役立ちます。

advice6 ストーリーを何パターンか考えておこう

子どものリアクションによっては、ストーリーが最初の予定と変わってきたりする場合があります。「ここではきっとこんなツッコミがくるな」とか「ここで笑わなかったら、こうしてみよう」などあらかじめ対策を練っておきます。必ずしも予測通りにならないのも、パフォーマンスのおもしろいところ。

advice7 場数を踏む、慣れる

あとはもう、このひと言に尽きます。

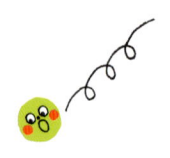

第 2 章

おてがる 即興編

- ●ハンカチ
- ●せんたくばさみ
- ●新聞紙

ここでは凝った道具は必要ありません。

いるのはちょっとしたくふうとイマジネーションです。

子どもたちの前でさっと作れば

みんなの注目まちがいなし！

ハンカチを使って
handkerchief

ハンカチタオルがかわいく変身
これなーに？

ハンカチタオルとモールだけでかんたんにできるチョウチョウとお花畑です。いろいろな柄で作ってみましょう。

1 「これ、なーに？」
● 台の上に花畑をセットしておく。チョウの触角は後ろに折ってかくし、花から離して演じる。

2 「リボンかな？」

3 「蝶ネクタイかな？」

材料と作りかた →

ハンカチタオル……好きな枚数
（好きな柄、色）
モール………………適量
カラーワイヤー……花の本数分
（緑）

● ● 使用する道具 ● ●
はさみ　ペンチ

【チョウ】

① モールをふたつ折りにして2cmくらいねじる。
↑2cmぐらい↓

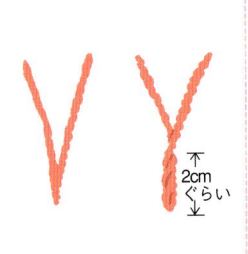

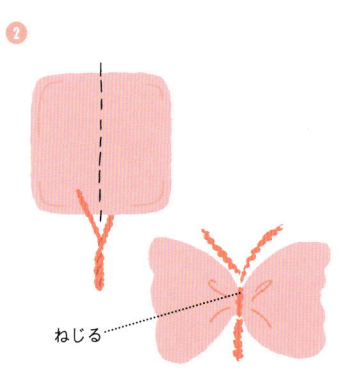

② ①でハンカチタオルの中央をしばり、ねじってとめる。
ねじる

4 「あれっ？ 何か出てきたわ」
● ここで裏側にかくしておいた触角を立てる。

5 「ヒラヒラ〜」
● 花畑にチョウをヒラヒラと飛ばせる。

ハンカチ
handkerchief

6 「チョウチョウさんだったのね」
● チョウを花の1本にとまらせる。

【花】

1
モールの先を少し残す

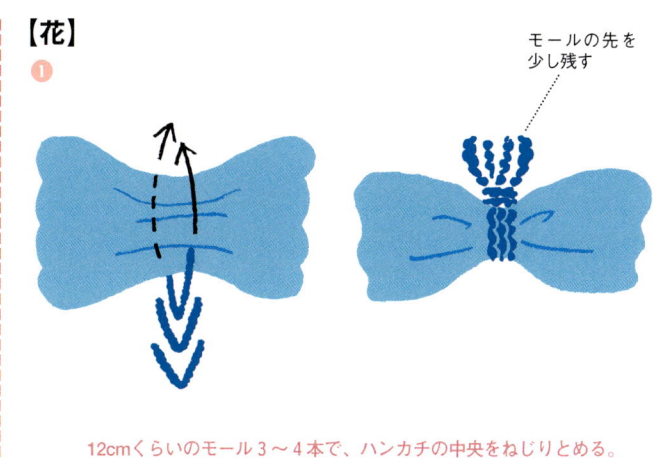

12cmくらいのモール3〜4本で、ハンカチの中央をねじりとめる。

2

モールと垂直になる方向にカラーワイヤーでねじりとめる。

ハンカチを使って
handkerchief

表情がコロコロ変わるよ！

なかよしグリーンピース

バンダナのさやに包まれたビニールボールの豆。
コロコロ回せば、いろんな表情がクルクルとあらわれます。

1 「さやを開くと中には……」
● さやの外側だけを見せるようにして出す。

2 「かわいいお豆たち！」
● まんまるの目玉をした豆たちを見せる。

3 「左側をクルッ」
● 子どもから見て左端の豆を回して裏側の表情を見せる。

4 「真ん中をクルッ」
● 同様に中央の豆を回す。

材料と作りかた →

バンダナ ……………… 各1枚
(緑、黄、赤)
※大きめのハンカチでもよい

ビニールボール ……… 各3個
(緑、黄、赤)

丸シール ……………… 各18枚
(黒、白)

輪ゴム ………………… 6本

モール ………………… 各適量
(緑、黄、赤)

●● 使用する道具 ●● 油性ペン

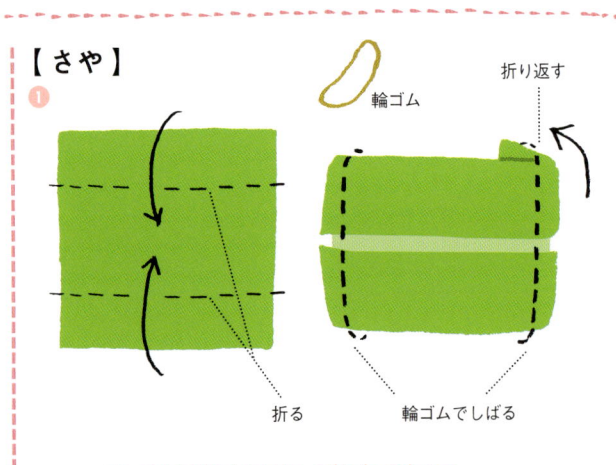

【さや】
①
折る　輪ゴムでしばる
輪ゴム　折り返す

バンダナを図のように折って輪ゴムでとめて…

52

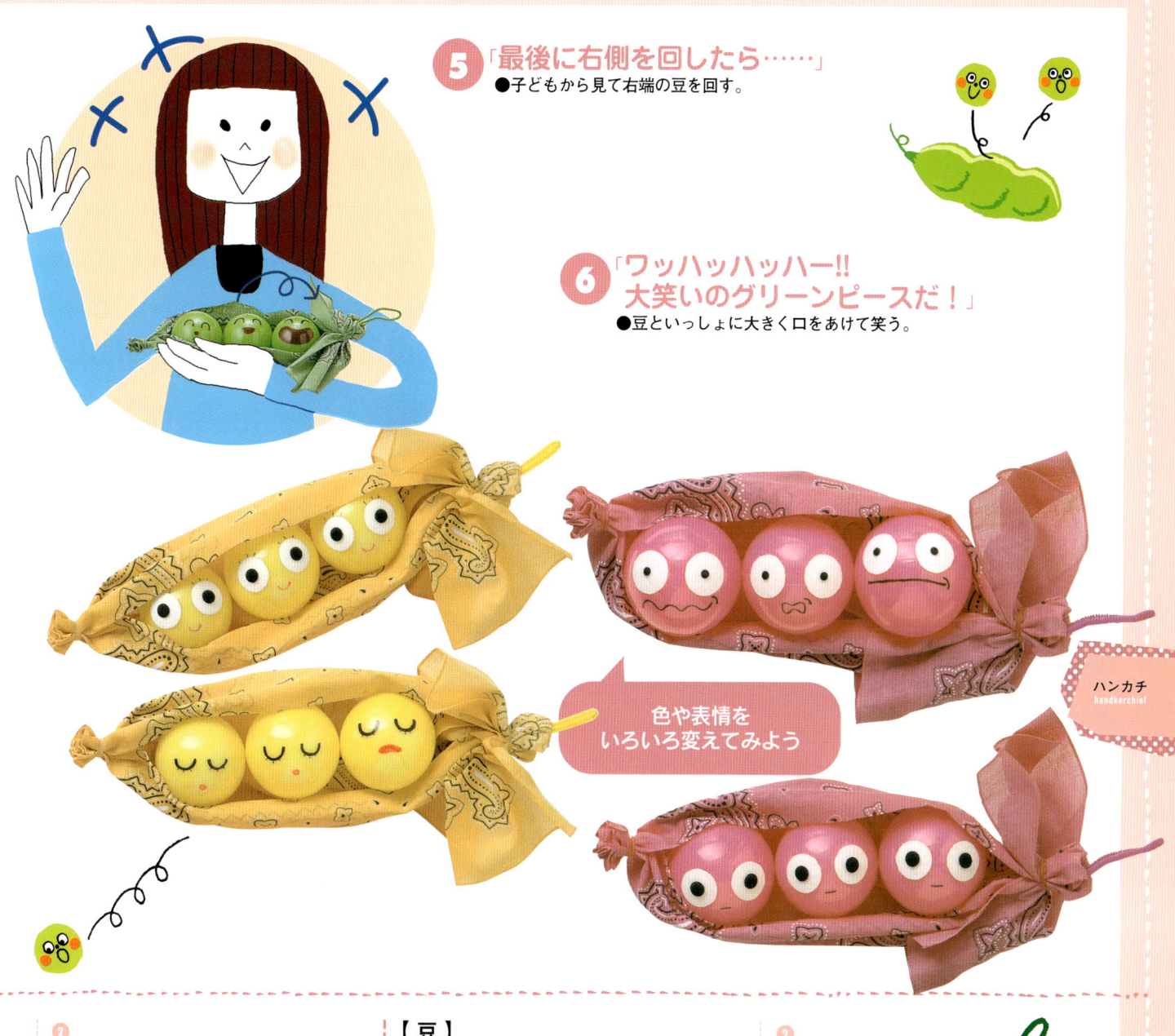

5 「最後に右側を回したら……」
●子どもから見て右端の豆を回す。

6 「ワッハッハッハー!!大笑いのグリーンピースだ!」
●豆といっしょに大きく口をあけて笑う。

色や表情を
いろいろ変えてみよう

ハンカチ
handkerchief

【豆】

① (表) 目を見開いた表情　(目)丸シール

(裏) 目を細めた笑い顔など

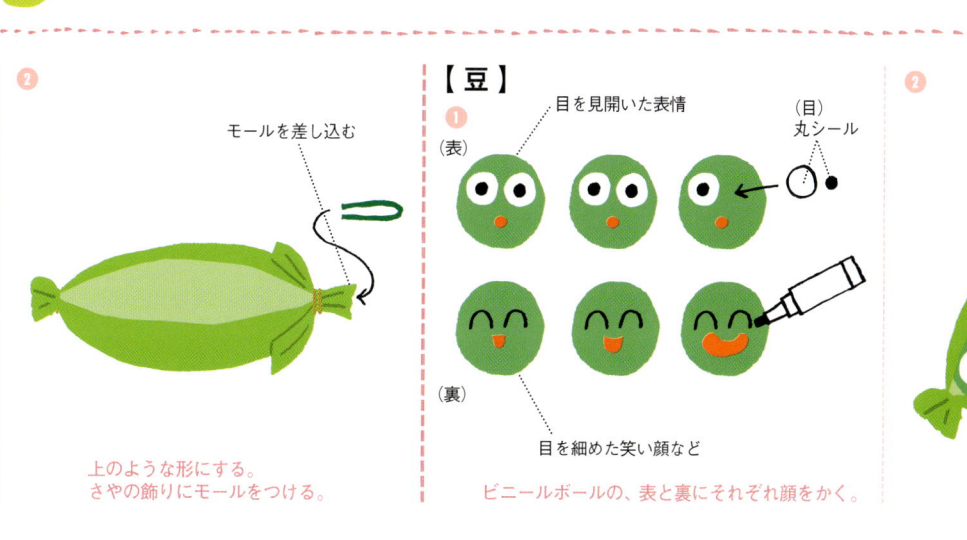

ビニールボールの、表と裏にそれぞれ顔をかく。

② モールを差し込む

上のような形にする。
さやの飾りにモールをつける。

② さやの中で豆がクルクル回り、顔が一瞬で変わる。

ハンカチを使って handkerchief

着せ替えかんたん

あやつりてるてるぼうず

棒とひもにつけたせんたくばさみにとめるだけ。
子どもたちのハンカチも、すぐてるてるぼうずに変身します。

1 「こんにちは。ぼく、てるてるぼうず！」
● 2本の棒を閉じて持ち、少しゆらす。

2 「きょうもお外で元気に遊ぼう」
● 棒を広げて、てるてるぼうずの両手を開く。

材料と作りかた →

- ハンカチ……………1枚
（着替える分は好きなだけ）
- せんたくばさみ………5個
- ひも…………………3本
（たこ糸などでもよい）
- カラー工作用紙………適量
（ピンク、黄色）
- 丸シール……………各4枚
（黒、白、ピンク）
- 棒……………………2本
（長めのさいばしなど）
- 輪ゴム………………1本
- 色画用紙……………適量
（赤、水色）
- ビニールテープ………適量

●●使用する道具●●
はさみ　油性ペン　両面テープ

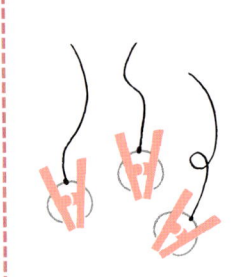

①
せんたくばさみ3個にひもをつける。

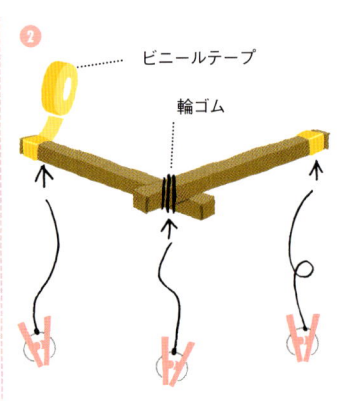

②
ビニールテープ
輪ゴム

2本の棒を輪ゴムでとめ、①をむすびつける。ひもが抜けないようにストッパー用のビニールテープをまく。

3 「レッツゴー！……あれ？」
● てるてるぼうずを素早くひるがえして裏を向け、泣き顔を見せる。

4 「雨が降ってきちゃった」
● 手のひらを上に向けて悲しそうに。

5 「これじゃ、お外で遊べないよ～。あーあ。ぼく、てるてるぼうずなのにな……」
● とてもがっかりした様子で退場させる。再登場するときはハンカチの柄を替えても。

ハンカチ
handkerchief

---

❸ せんたくばさみ2個を、足にする（重りにもなる）
❷に三角形にふたつ折りしたハンカチをとりつけ、三角の先のほうに2個のせんたくばさみをつける。

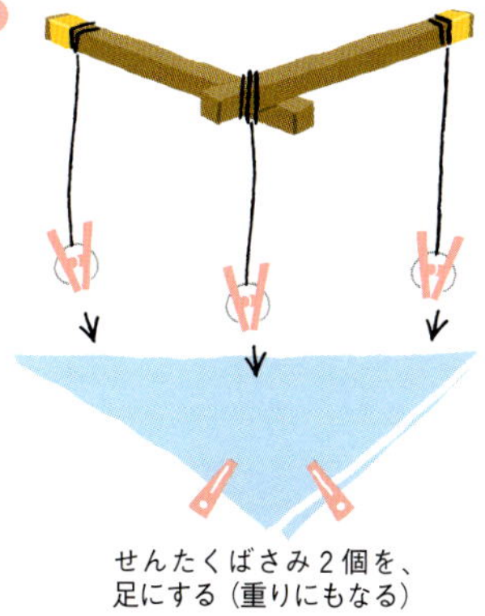

❹ [表（笑い顔）]
（目）丸シール
（まゆ）マジックでかく
[裏（泣き顔）]
色画用紙
丸く切った工作用紙2枚で顔を作る。

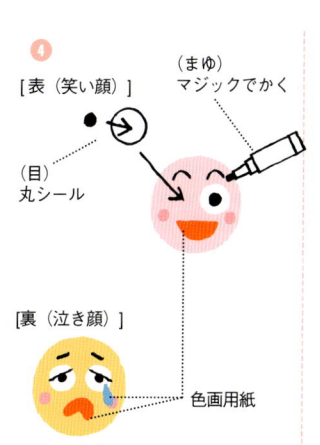

❺ 両面テープ
はる
❹の裏に両面テープをつけ、真ん中のせんたくばさみにはる。

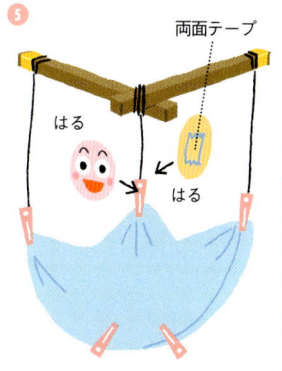

❻ ハンカチをいろいろ取り替えれば着せ替えが楽しめる。

●せんたくばさみを使って

clothespin

ひとつの顔でタコにもライオンにも
だーれだ？

シンプルなうちわに、せんたくばさみをつけるだけで
いろんな動物になります。何ができるかはくふう次第。
子どもたちとのかけ合いを楽しんで。

何の動物？

1
「これは動物。
 だれだかわかるかな？
 動物の赤ちゃんかな？」
●最初は、せんたくばさみを2個だけ
 つける。

2
「あれれ、毛が生えてきたよ」
●まわりのせんたくばさみを
 増やしていく

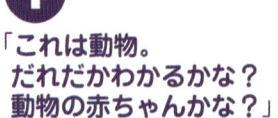

3
「動物の王様、ライオンになったぞ。ガオー！」
●うちわのまわりをぐるりと囲むようにせんたくばさみをつける。
 最初ののんびりした演技とは対照的に、
 ライオンになりきって叫ぶ。

海の生物？

1
「おひげのきみはだぁれ？」
●せんたくばさみを4個うちわの
 下の方につける。

2
「おっ！どんどんのびてきたぞ」
●せんたくばさみをタテ方向に
 増やしていく。タコの足のように
 カーブさせる。

3
「タコくんだ！」

56

こんどは何でしょう？

1「カメだよ」
● ちょうどカメの手足と頭の位置にせんたくばさみをつけておく。

2「あれれ、ひまわりになっちゃった」
● 花びらのようにせんたくばさみをぐるりと留める。

3「……と思ったら、カッパのお皿でした」
● ひまわりをそのまま頭にのせる。

せんたく
ばさみ
clothespin

動物いろいろ

● シカ ●

● ウサギ ●

● ネコ ●

材料と作りかた

両面が使えるうちわ……1枚

丸シール……3枚
（黒）

せんたくばさみ……適量
（好きな色のもの）

うちわにはる色画用紙……適量

うちわの両面に色画用紙をはり、片面に丸シール3枚、反対面に格子柄をつける。

●せんたくばさみを使って●
clothespin

どこにでもとまる
チョウチョウ

チョウチョウはお花が大好き。
ひらひら飛んでるチョウチョウが、あれ？　お花になっちゃった！

1
「あっ、チョウチョウ」
●左手に花の軸を持ち、そこへ台の上に置いたチョウを1匹とり上げ、ひらひら動かしながら近づける。

2
「チョウチョウはひらひら飛んで来て、草の上にとまったら花のつぼみになりました」
●花の軸に、1で持ち上げたチョウをとまらせる。

3
「どんどんチョウチョウが舞い降りて、きれいなお花になっちゃいました」
●台の上のチョウを1匹ずつ飛び立たせては軸にとまらせる、という動作をくり返して、花のようにする。

材料と作りかた

●●使用する道具●●
- はさみ
- ピンキングばさみ
- 両面テープ

- せんたくばさみ …6個
- 段ボール ………適量
- 竹ひご（太めのもの）…1本
- ビニールテープ …適量（緑）
- 丸シール ………各2枚（黒、白、）
- 丸シール ………各18枚（ピンク、黄）
- 色画用紙 ………適量（赤、緑、黄、うす紫）
- モール ………各3本（紫、黄）

【花の軸】 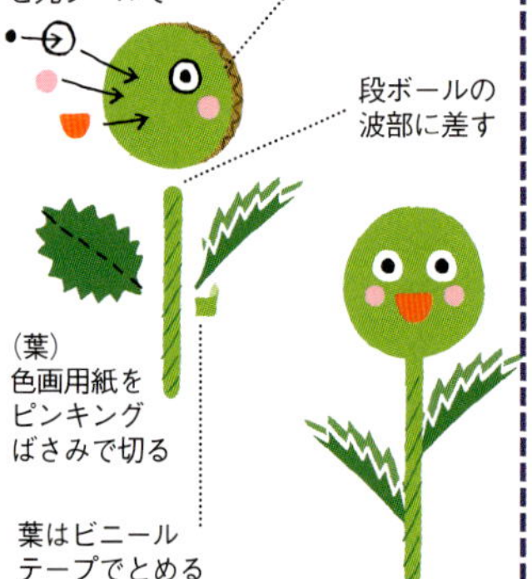
顔の部品は色画用紙と丸シールで
段ボールに緑の色画用紙をはる
段ボールの波部に差す
（葉）色画用紙をピンキングばさみで切る
葉はビニールテープでとめる
太めの竹ひごに、ビニールテープを巻く。葉と顔をつける。

【チョウ】  
両面テープではる
せんたくばさみにモールを通し、ねじって触角を作る。色画用紙で羽を作ってつける。

型紙
200％にコピーして使いましょう。
●羽●

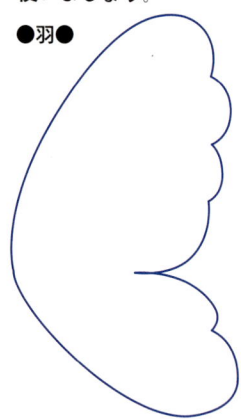

せんたくばさみを使って clothespin

いろんなところにぶら下がる
モンキー

色とりどりの小さなモンキーを、
何個も作ってあちこちにぶら下げて遊びましょう。

1 「1モンキー、2モンキー……」
- 1匹ずつ数えながら体のあちこちにモンキーをつけていく。

2 「たくさんの色のモンキーがいるね」
- 肩につけたら腰につけるなどはなれた位置につけ、ときどきモンキー同士をつなぐ。

3 「全部で何匹のモンキーがいるかな?」
- 緩急をつけて注意を引きながらつけていく。

せんたくばさみ clothespin

材料と作りかた →

せんたくばさみ……適量
（さお用）
色画用紙……適量
（色は好みでいろいろ）
丸シール……適量
（黒、ピンク、オレンジ）
白の画用紙……適量

●●使用する道具●●
はさみ　両面テープ

① 丸シール
型紙を使って色画用紙をモンキーの形に、白い紙を顔の形に切る。丸シールを使って顔を作る。

② 両面テープ
後ろから見たところ
両面テープでモンキーをせんたくばさみにはりつける。

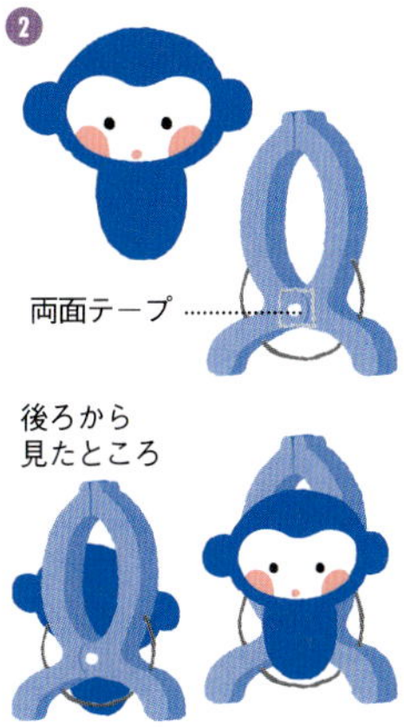

型紙
200%にコピーして使いましょう。
●モンキー●

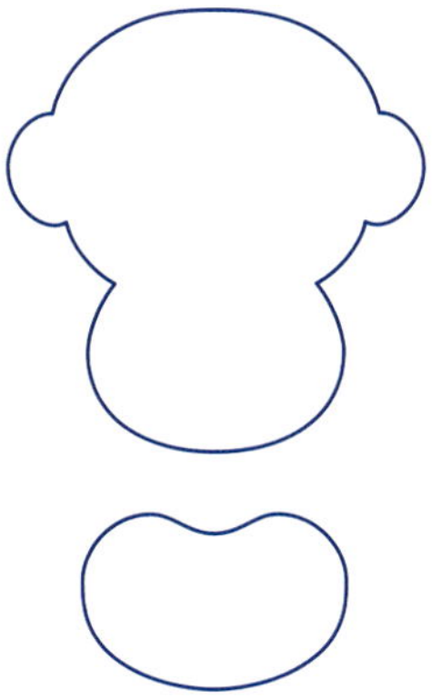

●せんたくばさみを使って
clothespin

せんたくばさみが足になる
ヘビ？ ムカデ？

幅広のリボンやひもに目玉をつければヘビに。
せんたくばさみで足をつければ、怖〜いムカデに変身します。

1
「キャー、ヘビだ！」
●なにげなく拾い上げたらヘビだった！
　というニュアンスで。

2
「怖いから足をつけちゃえ！」
●ひもにせんたくばさみを手早くたくさんつける。

3
「ムカデになっちゃった！
　もっと怖いよ〜」

材料と作りかた

幅4〜5cmくらいのひも…1本
（リボンでもよい）

動く目玉……2個

せんたくばさみ……適量

幅広のひもに、演じながらせんたくばさみをとめていく。

60

● せんたくばさみを使って ●
clothespin

足が生えたり背びれがふえたり……

宇宙人

半分に切った紙皿に目玉や足を自由につけます。
「何に見える?」と話しかけながら演じると意外な生物ができるかも。

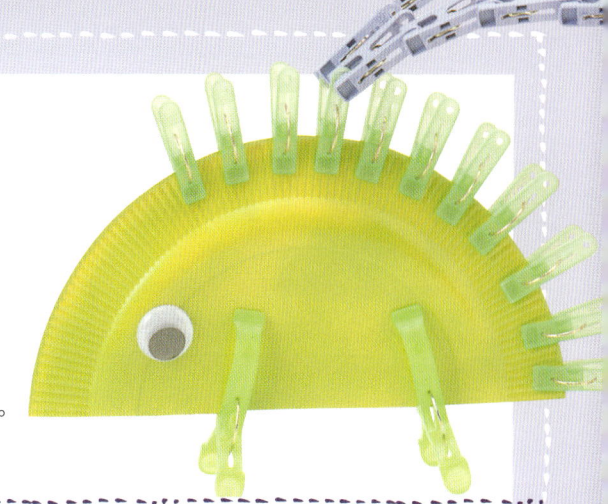

1
宇宙人 「ぼく、宇宙人」
●目玉だけの状態で見せる。

保育者 「うそ! 変なの〜。
ナメクジじゃないの?」

2
宇宙人 「違うよ」
●せんたくばさみで足を2本つける。

3
保育者 「じゃあ恐竜?」
宇宙人 「違うよ」
●背びれのように、背中にせんたくばさみをつける。

4
保育者 「あっ、じゃあ羽が生えたから、鳥かな?」
宇宙人 「だから、宇宙人なんだってばー!」
●最後は背の上のほうに違う色のせんたくばさみを連結してつける。

せんたくばさみ
clothespin

材料

紙皿……1枚
(半分に折る)
せんたくばさみ……各適量
(大・小)
動く目玉……2個

●せんたくばさみを使って
clothespin

身近な物とせんたくばさみの組み合わせ

不思議動物発見

ストローに足をつければスマートなキリンさんに。紙コップはクラゲに。手法はシンプルですが、さっと作って楽しめます。

えんぴつ虫

1「これはえんぴつ虫の赤ちゃんです」
●1本のえんぴつを手にとり、指をさす。

2「ほらね！ 足が生えて虫になったでしょ？」
●せんたくばさみ3個で足をつけ、1個は動く目玉をつけて頭にする。

材料
えんぴつ……1本
動く目玉……2個
せんたくばさみ……4個
目玉をはる両面テープ…適量

クラゲ

1「これはだ～れだ？」
●紙コップ（動く目玉がはってあるところはかくして）を持ち上げて見せながら問いかける。

2「クラゲで～す」
●コップを上下ひっくり返して目玉のついた面を見せ、手早くせんたくばさみの足をつける。

材料
紙コップ……1個
動く目玉……2個
せんたくばさみ……8個
目玉をはる両面テープ…適量

キリンさん

1 「これはストロー」
● 曲がるストローを持って口で吸い上げるしぐさをする。

2 「ちょっと曲げてみたよ」
● ストローの首を曲げて見せる。

3 「おや？ 首が長いぞ」
● 曲げたストローの短いほうにせんたくばさみを2個つけて足にし、立てる。

4 「頭をつけたら、キリンさんになったよ」
● 先端に、動く目玉をはったせんたくばさみを1個つける。

材料
- 曲がるストロー……1本
- 動く目玉……2個
- せんたくばさみ……3個
- 目玉をはる両面テープ…適量

せんたくばさみ clothespin

お手紙

1 「あらら、これは何かな？」
● 目玉を手でかくし、封筒を手に取って見せる。

2 「お手紙です」
● 封筒にせんたくばさみを2個つけて、立てて置く。

3 「中身はお誕生カードでした」
● 中身のカードを出す。

材料
- 角封筒……1枚
- カード……1枚
- 動く目玉……2個
- せんたくばさみ……2個
- 目玉をはる両面テープ…適量

63

新聞紙を使って
newspaper

出てくる物はお楽しみ
何の卵かな？

新聞紙で作った卵の中から、いろいろな物が出てきます。
中身は何でもOK。新聞紙のビリビリ音に子どもたちはワクワク！

ヒヨコ

1 「これは何の卵かな？」
●新聞紙で作った半立体の卵を指さして問いかける。

2 「かわいいヒヨコだあ～」
●鳥の卵が割れるように破り、中のヒヨコを見せる。

材料と作りかた →

【ヒヨコ】
- 新聞紙 …………… 1枚
- 丸シール ………… 各2枚
  (白、黒)
- ビニールテープ … 適量
  (黄)
- 色画用紙 ………… 適量
  (オレンジ)

●●使用する道具●●
はさみ　両面テープ

❶ 新聞紙を丸める。

❷ ❶に黄色のビニールテープをぐるぐる巻きにする。

❸ 目玉とくちばしをはる。
（目）丸シール
（くちばし）色画用紙

64

ヘビ

1「次は何の卵かな？」
●新聞紙の卵を指さして問いかける。

2「ベリベリッ」
●卵の真ん中から指をちょこっと出す。

3「ヘビだ～～～。ニョロニョロ～」
●目玉をつけた腕をヘビのようにくねらせながら新聞紙から出す。

新聞紙 newspaper

【卵】

新聞紙 ……… 数枚

① 中央をふくらませ半立体にする

② (表) (裏)

新聞紙をふたつ折りにし、卵形になるように形作る。

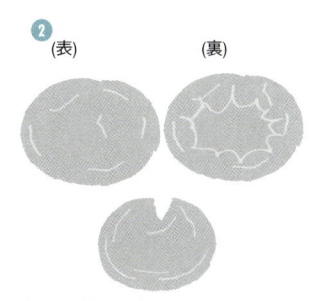

割れる部分に少し切れ目を入れ、割れやすくする（表からわからないように）。

【ヘビ】

丸シール（白、黒）……… 各2枚

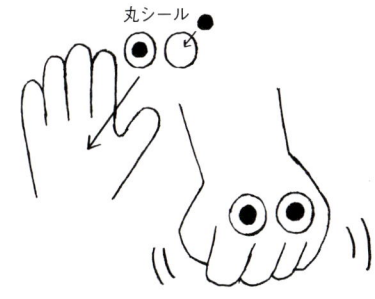

丸シールで目玉を作って手にはる。

【ブタの鼻】（66ページ）

丸シール（黒）……… 2枚
色画用紙（黄）……… 適量

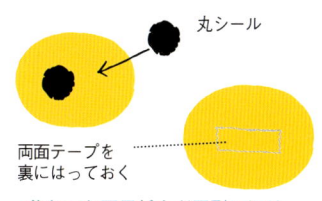

両面テープを裏にはっておく

黄色の色画用紙をだ円形に切り黒の丸シールで鼻の穴をはる。

●新聞紙を使って● newspaper

ブタ

1 「今度は何の卵かな？」
●新聞紙の卵を両手で持って問いかける。

2 「なんだろう？」
●卵を顔まで持ち上げ、中に仕込んだブタの鼻を顔につける。

3 「ブヒー。えっ？
ブタは卵から生まれないって？」
●勢いよく卵を思いきりふたつに破り、ブタの鼻をつけた顔を出す。

新聞紙を使って
newspaper

秋にぴったりのミニシアター

ドングリっ子

新聞紙でかんたんにできるミニシアターです。
秋の日に忙しく働く妖精になりきってみましょう。

1　「私は"ドングリっ子"。秋の妖精だから
秋になると、と〜〜〜〜〜っても忙しいの」
● 帽子をかぶり新聞で作ったドングリを2個服につけて、ドングリっ子になる。

2　「さあ、仕事、仕事。えーい！」
● ススキの穂につけたストッパーをはずしていく。

3　「風が吹いたらススキがさやさや〜」
● ススキが風になびくさまを手をあげて演じる。

新聞紙
newspaper

67

新聞紙を使って
newspaper

4「落ち葉がパラパラ〜。
ほーら、秋になったでしょ。」
●ポケットや机の下に、破いた新聞紙をかくしておき、落ち葉に見立てて散らす。

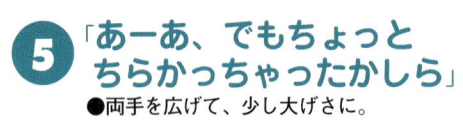

5「あーあ、でもちょっと
ちらかっちゃったかしら」
●両手を広げて、少し大げさに。

6「ススキを束ねてお掃除
しましょ」
●立ててあるススキを4本とも抜いて逆さに持ち、散らばった落ち葉を掃き集める。

7「ほら、きれいになった。
ではまた来年まで
さようならー。バイバーイ」
●台の上を片づけて、きれいなったところで終わる。

材料と作りかた →

新聞紙……適量
トイレットペーパーのしん……4本
ビニールテープ……1本
（黄）
輪ゴム……1本
ゴムひも……1本
（頭まわりの長さ）
せんたくばさみ……1個
綿……適量

●●使用する道具●●
- はさみ
- セロハンテープ
- 木工用接着剤

【帽子】

① ゴムひもで輪を作る。

② 新聞紙1枚を筒状にしてセロハンテープでとめる。ゴムひもをかけ、包むように半分に裏返す。

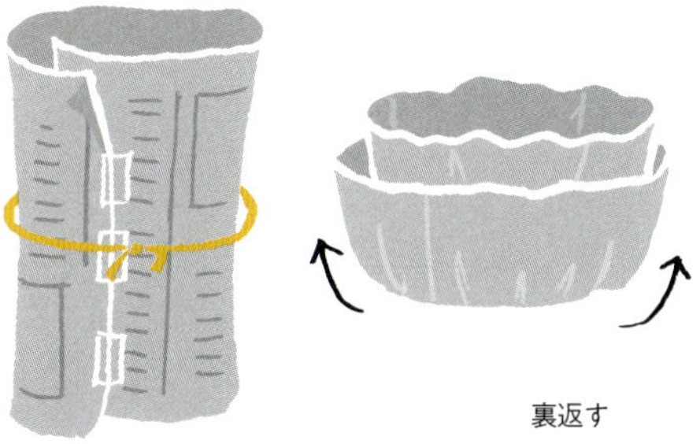

③ 上の方を束ねるように輪ゴムでしばり、ドングリの帽子の形にととのえる。

【ススキ】

① 新聞紙を4つ折りにしたら、くるくる巻いてセロハンテープでとめ、穂を切る。同じものを4本作る。（はさみで穂を切り込む）

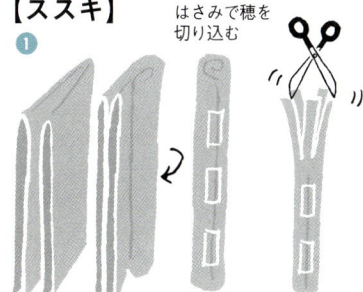

② 2つ折りにした新聞紙の土台に、半分に切ったトイレットペーパーのしんを木工用接着剤ではる。（半分に切ったもの／半分に切ったトイレットペーパーのしんをストッパーにする／木工用接着剤ではりつける）

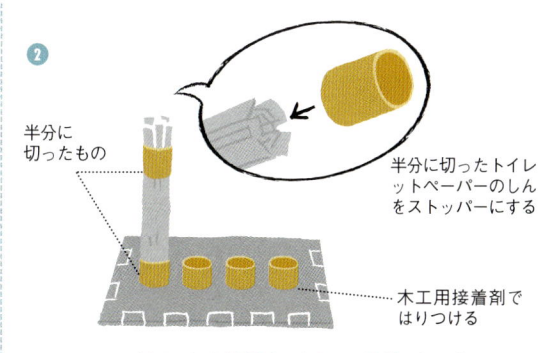

③ ススキを4本立てたところ。

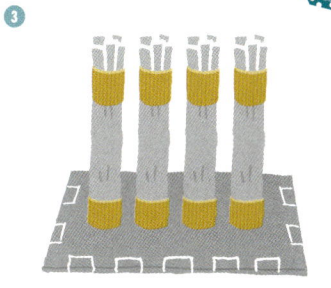

【ドングリ】 ※同じものを2つ作る

① 25cm×25cmの新聞紙を筒状にして端をテープでとめる。

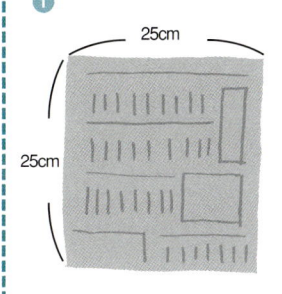

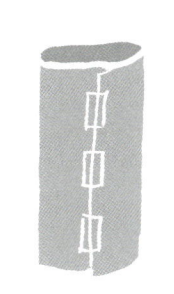

② 下端をセロハンテープで袋状に絞ってとめ、綿をつめて上端もとめる。（ビニールテープを巻く）

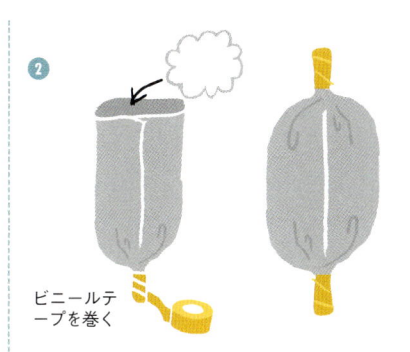

③ 黄色のビニールテープを巻いてドングリの帽子をつける。

④ 服にとめるためのせんたくばさみをビニールテープでとめる。

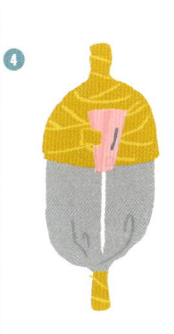

新聞紙 newspaper

コラム2 知ればあなたも工作自慢

きれいにじょうずに作るコツ

はる

Q のりや接着剤を使うと、仕上がりが汚なくなってしまうのですが…

A：両面テープが便利です。紙用の強力タイプなら10年たってもはがれにくく、変色もわずかです。また、大きい紙をはる場合はスプレーのりが便利。ただし、スプレーが飛び散るので、使うときは周囲を新聞紙でおおうなどのくふうをしましょう。

Q カラーテープの使いかたって？

A：本文中の作品にもたくさん使われているのが、カラーのクラフトテープや、ビニールテープ。接着とペイントの2役を担ってくれる上に、作品が丈夫に仕上がるスグレモノです。クラフトテープは、布製のものがおすすめ。重ねばりができる上に、色も豊富です。ビニールテープは伸縮性があるので、球体などの曲面や不定形のものを巻くのにピッタリ。きれいな色がそろっているので、ペイントするよりもずっとラクです。

切る

Q はさみを使うのが苦手なのですが…

A：きれいに切るには良いはさみを使うこと。フッ素加工のものがおすすめです。ちょっとお値段は高めですが、粘着テープを切ってもベタベタしないので、作業効率がよくなります。ただ、研ぐことができないので、切れ味が落ちたら買い替えの時期。お古は、キッチンばさみとして活用できます。あと、長い距離を切るときは、息を吐きながらやるとうまくいきますよ。

Q カッターできれいに切るには？

A：やはり、切れる刃を使うことが大切です。カッターの刃はすぐに切れなくなるので、消耗品だと思ってどんどん折りましょう。折った刃は、危なくないように替え刃のケースについている「折れ刃入れ」に入れたり、テープでぐるぐる巻きにして捨てたりと、処理を忘れずに。

ぬる・かく

Q 広い面などをムラなくぬるには？

A：おすすめはアクリルガッシュ（不透明のアクリル絵の具）。とても頑丈でムラの出にくい絵の具です。おかげで、2度ぬりの必要なし。チューブから出してすぐは水性で、乾くと耐水性になるのは、ほかのアクリル絵の具と同じです。使い終わったら、筆をすぐに水洗いしましょう（乾いてしまうと、その筆はもう使えません）。画材屋さんで買えます。

Q かくのが苦手な人はどうすればいいでしょう

A：コピーして自由に使える、市販のイラスト集やCD-ROMなどを活用しましょう。便利なものはじゃんじゃん利用しちゃいましょう。

おすすめの用紙類

Q 普通の色画用紙では色数が少なくてつまらないのですが…

A：私がよく使うのは「タント」という紙。画材屋さんで買えます。とにかく色数が豊富で、「こんな色、使う人がいるのかな？」と思うようなとても微妙な色みもそろっています。

Q はるのが苦手なので、扱いやすい紙があったら教えてください

A：紙をはり合わせるのが苦手な人に超おすすめなのが「レザック」です。色も揃っていますが、なんといっても紙にテクスチャ（凹凸）がついていて、たとえ、はるのがヘタクソでシワが寄っても、目立たないのがいいところ。扱いやすさはナンバーワンです。

より簡単に作るための便利グッズ

丸シール： 私が作る人形やキャラクターの目玉は、もっぱらこれ。小さい円を切り抜くのはたいへんだし、難しいので非常に便利です。文具店のシール売り場やラベルコーナーに置いています。基本の白と黒のほか、いろいろなサイズや色のものがあります。フェルト製のものもあり、ちょっと立体的にしたいときにおすすめ。

ピンキングばさみ： おなじみの、ギザギザに切れるはさみ。最近は、波線型や、リアルな葉っぱのギザギザ型、カマボコ型の波など、種類も豊富になりました。1本あると、活用範囲はとても広いです。

動く目玉： 通称「動眼」。動かす作品などに使うと、目玉の表情が豊かでより楽しいものになります。下は直径3mmくらいのものから、上は3cmほどのものまで非常に細かくサイズがそろっています。使用するときは、両面テープではるとよいでしょう。裏がシールになっているものもあります。

「ちょっとしたことに気を配るだけで、できあがりはずいぶん違います」

ワンポイント豆知識

- 絵や柄のついたものの上に絵の具でペイントするときは、あらかじめ地にアクリル絵の具の白をぬっておくと発色がよくなります。特に、その後水彩絵の具でぬる場合に効果的です。
- カラーのビニールテープも、絵の具と同じ考えかたで、先に白いテープを巻いておくと発色がよくなります。柄のついたパッケージの上にはる場合などにも有効。牛乳パックなど派手に色柄が入っているものを使うときなど、下の絵柄が透けないのできれいに仕上がります。
- せんたくばさみやストロー、スポンジなどの素材がいろいろそろっているのは、意外にも100円ショップ。こういう店は、しょっちゅう商品が変わるので、これは、と思う色のものを見つけたらその場で買っておくのがおすすめです。
- 大判の紙を購入したら、すぐにB5判くらいにカットすれば、保管しやすく使い勝手もいいですよ。丸めて筒にしておくのは、つぶれてしまったりするのであまりおすすめしません。
- セロハンテープをはるときは指紋をつけないように図のようにテープのサイドを持ちましょう。引き出したときにつまんだところは、ちょっともったいなくても捨てます。

忘れちゃいけない 基本の「き」

あたりまえのことなのに意外と忘れがちなのが、製作の前に手を洗うこと。これ、とっても大事！さあ、これからこの本を見て作ってみようと思っているあなた。まずはせっけんで手を洗いましょう。

セロハンテープの持ちかた
指紋のついたところは捨てる

71

《著者紹介》

島田　明美（しまだ　あけみ）

神奈川県鎌倉市出身。12月10日生まれ。

東京デザイナー学院商業デザイン科卒。グラフィックデザイナー、ディスプレイPOPデザイナー等を経て、現在、フリーイラストデザイナー（イラストレーターとグラフィックデザイナーのハーフ）。NHK教育「ひとりでできるもん！」ペーパークラフトファンタジー監修、出演。BS日テレ「アンパンマン」工作コーナー監修、出演。「島田明美のわくわくスポンジシアター」（小学館）、「つくろう・おくろうプレゼントカード」（ひかりのくに）、「手づくり伝承あそび現代版」（フレーベル館）、「とびっきり立体壁面」（チャイルド本社）他、著書多数。
東京デザイナー学院講師、日本デザイン学会会員、日本児童出版美術家連盟会員、日本きりえ協会会員、幼児が輝く造形研究会会長。

表紙・本文デザイン	株式会社アトムスタジオ（原久美子）
本文イラスト	ユカリンゴ、macco
撮影	中村俊二
編集協力	TU-TI編集室（遠藤妙子）
編集担当	石山哲郎、井上淳子

2006年11月　　初版第1刷発行
2009年1月　　　第4刷発行
著者／島田明美　Ⓒ Akemi Shimada 2006
発行所／株式会社チャイルド本社
発行人／浅香俊二
〒112-8501　東京都文京区小石川5-24-21
電話／03-3813-2141（営業）　03-3813-9445（編集）
振替／00100-4-38410

印刷所／共同印刷株式会社
製本所／一色製本株式会社
日本音楽著作権協会（出）許諾第0613358-804号
本書の内容の一部あるいは全部を無断で複写複製することは、法律で認められた場合を除き、著作権者及び出版社の権利の侵害となりますので、その場合は予め小社あて許諾を求めてください。

乱丁・落丁はおとりかえいたします。

チャイルド本社ホームページアドレス
http://www.childbook.co.jp/
チャイルドブックや保育図書の情報が盛りだくさん。どうぞご利用ください。